AQUARIUS

AQUARIUS

AQUARIUS

AQUARIUS

Catcher

一如《麥田捕手》的主角，
我們站在危險的崖邊，
抓住每一個跑向懸崖的孩子。
Catcher，是對孩子的一生守護。

孩子不敢說的40個成長困惑

王意中心理治療所所長／臨床心理師
王意中 著

【推薦序】現代父母之武林祕笈

楊俐容（親職教育專家）

年少時愛看武俠小說，雖然對於書裡錯綜複雜的恩怨情仇，始終無法理出個頭緒，但只要書中有武林祕笈出現，並因而引動群俠處心積慮、勢在必得的情節，我就會任想像遨遊，在腦海裡勾勒那些不傳之祕的招數和架式。當了母親之後，拜研究所以兒童與青少年發展為主修之賜，再加上大學時代多少跟著老師們在諮商輔導領域學過一招半式，在教養孩子的過程，常覺得書本和老師教給我的知識技巧就如武林祕笈一般，讓我游刃有餘還能樂在其中。

在武俠小說裡，「武功」是一個人行走江湖時自我保護的必備條件，是行俠仗義的基本憑藉，更是解決紛擾、維持武林正義的不二法門。為人父母也是一樣，練就一身親子互動技巧，不只能幫助父母避開親子關係的暗礁、妥善處理親子之間的衝突，更是協助孩子解決問題的有效處方。後來，我投入親職教育工作，就是抱著「呷好逗相報」的心情，一心要把自己學到的功夫，分享給同樣在「為人父母」這個江湖走動，接下陪伴孩子順利成長這個走鏢任務的眾家長們。

所以，當我收到寶瓶文化寄來臨床心理師王意中的新書《孩子不敢說的40個成長困惑》時，才讀到前面幾個章節，就忍不住擊掌稱慶；因為，這是一本非常適合家長參照練功的武林祕笈。四十個章節標示出現代父母經常遇見的教養難題，情境式的描繪讓讀者可以深入瞭解焦點問題；接下來的建議則是作者送給家長最珍貴的禮物，因為他將自己在專業上所累積的功力，書寫成清楚具體的招式，讓面臨類似困境的家長得以仿效學習。

例如，在〈說謊，穩賺不賠？〉這個章節裡，作者列舉了面對孩子說謊的十三道問題，如果父母能夠依照書本的指引，在一對一的情境下，以溫和的語氣和孩子開誠布公的對談，對於改善親子關係、促發孩子面對問題，確實會有很大的助益。其中「大人要怎麼做，你才不會說謊？」、「發現你說謊時，大人可以怎麼做？」這兩個問題尤其讓我印象深刻，因為這是從孩子的心靈出發，但也確定要將孩子帶往自主規範的深度對談。除了這一章節，書中還藏有各式各樣的武功，而且每個招式都有所本，像〈無尾熊的分離焦慮〉就將行為學派的諮商技巧如系統減敏感法等，以簡明扼要的方式介紹給讀者。尤其是所有技巧都有個生動活潑、便於記憶和想像的名稱，讓讀者可以輕易的瞭解運用。

不過，高深的功力絕非一蹴可幾，未經高人指點或習藝不勤，即使擁有武學寶典，也很難脫胎換骨、傲然獨立。要成就一流功力，「時間」絕對是關鍵要素，武俠小說之所以高潮迭起，往往也就來自這習武練功過程的波濤洶湧。當父母更是如此，唯有把握時機確實練習，才能體會箇中三昧，逐漸放下身段，試著站在孩子的角度、瞭解孩子的所思所感，而這正是親子關係最重要的基石。王意中的新書《孩子不敢說的40個成長困惑》不是臨睡前放鬆助眠的讀本，而是需要身體力行的操作手冊，例如〈我就是愛買，孩子想買玩具前的七項思考題〉一節所描述的行為，相信許多父母都不陌生，如果孩子有類似的行為困擾，父母除了熟讀書中所提供的訣竅，更要在生活中嘗試運用，一回生兩回熟，慢慢的就能內化為一種溫柔而堅定的教養態度。

《大唐遊俠傳》的作者，也是開新派武俠小說風氣之先的梁羽生曾說：「在武俠小說中，『俠』比『武』更為重要，『俠』是靈魂，『武』是軀殼；『俠』是目的，『武』是達成俠的手段。」我投入親職教育工作十多年，一路走來最深刻、最重要的信念或可以之做為比擬：「在親子關係裡，『態度』是靈魂，『技巧』是軀殼；『真愛』是目的，『管教』則是體現『真愛』的手段。」雖然不可否認的是，無論哪一類型的武俠小說，描述「武」的章節和畫面，絕對是全書精華之最，但沒有俠義精神做為中心思想，這些武功就失去了意義；同樣的，如果不能打從心底願意瞭解、接納，甚至尊重孩子的生命價值，那麼再好的管教技巧也無法奏效。王意中的新書看似一本武林祕笈，但字裡行間蘊藏著對孩子深厚的關注與熱情，相信讀者在閱讀的過程中，必能感受這份俠義精神。

【自序】傾聽孩子的弦外之音

孩子，我們熟嗎？

夜深人靜時，當我們望著熟睡的孩子，有時試著想想眼前的這個寶貝，我們熟悉他嗎？我們抱孩子的次數與抱百貨公司週年慶的戰利品，哪個多呢？我們可能很熟悉自己的愛車，但並不一定熟悉眼前的孩子。當我們期待跨年夜，倒不如期待試著跨越親子之間的那道鴻溝。

我們和孩子熟悉嗎？除了考試、功課、作業、評量、升學等，我們多久沒和孩子說說話？如果說說自己的孩子，除了對他的抱怨之外，我們可以說多久？我們與孩子的交集有多少？可別像廣告，短短就結束。

我為什麼寫這本書？

我們總是認為孩子會主動地把心裡面的話，一五一十地告訴我們。當孩子沒說，或許也容易讓我們自我暗示孩子沒有問題。心想，如果孩子真的遇到什麼事情，他應該是會說的。

但事情似乎總不如我們預期地發生。孩子沒開口說，並不表示他內心裡就沒有遇到困境。有時你驚訝地發現孩子怎麼發生了這些事，一時之間，讓你覺得眼前的這個孩子竟然是如此陌生。

每個孩子都有屬於自己的一段故事，無論長篇，無論短篇。孩子的心裡面到底有多少想說卻不願意說，不知道怎麼說，不知道該向誰說的困境呢？我常以情緒鮮奶為例向大人與孩子說明情緒表達這件事，鮮奶有保存期限，放久了，終究容易酸掉、壞掉，孩子內在的心情何嘗不是如此。

想想，孩子不敢告訴你的話。說話，對於孩子來說，不一定是他所擅長的。有時，孩子會以他專屬的方式來讓你注意他、瞭解他、熟悉他。無論這些行為所呈現出來的，是你期待的、允許的，或甚至於是你不樂見的，請記得，在這之間都有許多他們的話想說。親子關係是一門無學分上限的必修課，外加無止境的現場實習，是否及格不是自己說了算。

你可以這樣看這本書，在這本書中，我透過四十篇小故事來分享孩子不敢告訴你的緘默、學習意願、完美自我要求、負向思考、說謊、偷竊、妥瑞、禮貌、偏心、愛買、拒學、單親、學障、被欺負、信用責任、被動、分離、堅持、自信、強迫、不雅動作、恐懼、冷靜、髒話、性教育、打招呼、隔代教養、作弊、消極、人際拒絕、誠實、依賴、口吃、叛逆、眼神接觸、分心注意、手足、時間管理、攻擊、精神分裂等，親子關係常見的議題。

在這四十篇小故事中，你聽見什麼？你看到什麼？每個行為都是表象，我們需要瞭解深藏在這些表象裡層所要告訴我們的事。孩子到底會用什麼樣的方式來告訴我們，他自己所經歷的成長故事呢？

在你閱讀這本書時，對於你似曾相識的問題敘述，試著傾聽當中孩子所要告訴你的話，一股來自於心中深層的話。同時，每篇文章中，所提供的問題解決策略，我非常建議你試著動手去做，這對於親子關係的建立可以更穩固些。調整大人自己的做法，會比期待孩子的改變來得快。

別忘了，孩子，是豐富我們大人內心視野的最佳良伴。親子溝通需要練功，在父母這本存款簿上，才能累積利息與紅利點數，而不至於預借透支。父母有如孩子的導航系統，在蜘蛛網般的成長迷宮上，引導著他們發現屬於自己的方向與定位。父母就像舉球員，將球送至最適合的位置，讓孩子助跑、扣殺、漂亮得分。

父母學必修術科之一，是當孩子起床那一剎那，別忘了你的微笑，你的擁抱，與那溫柔的語調。讓嘮叨、抱怨、囉嗦，年底大清倉，一件都不留。父母這行是三班制，全年無休，隨時on call，在職進修親職教養的無薪業，職位升等有些可至祖父母級。

感謝寶瓶文化朱亞君社長兼總編輯提供這次的出版機會，讓我可以透過文字，將自己這些年來在兒童青少年心理諮商與治療，及親職教育諮詢等臨床實務，透過對話範例與問題解決的方式，一起與本書讀者分享親子溝通的這道親密課題。

謹將此書獻給老媽、老婆與姵涵、翔立、涵立三好米寶貝，感謝我親愛的家人在本書的書寫期間，無盡的陪伴、支持、加油與耐心等候。最後，感謝在我生命中所接觸過的所有孩子及大人們，是你們讓我的生命更豐富、精采。

目錄

之四 陪伴，讓孩子更能面對未來

之一

孩子，你並不孤單

開胃菜，啟動孩子的學習意願

無奈的孩子總是問：「老師，很奇怪耶，我很喜歡看故事繪本，還有研究動物百科、植物圖鑑，但是為什麼遇到爸媽要求我看的書本，我就討厭不想念？」

媽媽已經快受不了，當要求托托看點課本、寫些作業評量時，他總是一臉無精打采、有氣無力、提不起勁、唉聲嘆氣的不情願樣。

「拜託你好不好，課本你好歹也翻一翻，像個新書一樣，什麼時候你才會動它？」「回家作業也不快點寫，你到底要拖到幾點才動工？」媽媽雙手扠腰，不耐煩地抱怨。但是，媽媽很急，托托卻仍然像是泡過水的木炭，燃不起一點一絲的學習火苗。

當一旁的媽媽不斷叨念時，托托持續趴在書桌前，心裡不平地嘀咕著：「老媽你也幫幫忙，不是我不想看，不願翻，但望著這一落一落的教科書，誰念得下去？」「誰能夠這麼有胃口？拜託！老媽你知道功課量有多少嗎？補寫再加上罰寫，用眼睛看就飽了，怎麼還有力氣動筆寫？別鬧了！老媽。」

「為什麼現在的孩子就只想玩，只要玩，要求他寫功課、看點書就抱怨一堆？應該抱怨的是我才對！」

「他不笨，為什麼就是不想念？他的興趣到底是什麼？難道就只是上網打怪、玩電動？」

在許多演講場合或父母諮詢的現場，疑惑的爸媽們常對於孩子缺乏學習動機向我訴苦、抱怨，但無奈的孩子總是問：「老師，很奇怪耶，我很喜歡看故事繪本，還有研究動物百科、植物圖鑑，但是為什麼遇到爸媽要求我看的書本，我就討厭不想念？」

啟動孩子的學習動機，試著讓我從開胃菜的概念說起。開胃菜，量少、精緻是它的特色，通常透過酸性或鹹性的味道來刺激我們的味蕾以增加食慾，促進消化及吸收。無論是涼拌芹菜、海蜇皮；魚子醬、鵝肝醬、生菜；花生、泡菜、小魚乾大都能夠發揮開胃的效果。

先別抱怨孩子主菜不吃怎麼辦，或許就讓我們先從料理學習的開胃菜做起。

✩以下五點學習廚藝等著你料理，讓孩子學習開胃。

1. **量少精緻真美味**：當孩子面對日久生疏的課本與作業，建議你先從少量開始。如同開胃菜總是量少精緻，一小盤一小盤，端在孩子的眼前好下胃。當作業有五單元要進行，建議先從一單元、一單元開始給，免得整落的作業嚇壞了孩子，單看到全部的作業就飽足了胃，沒有下筆的動機。

少量的好處在於讓孩子能夠先消除視覺上的負荷壓力，雖然這些壓迫感有時是來自於孩子自己或大人所給。每次學習量少，孩子就有機會立即或直接感受到完成的感覺，這種完成感能夠讓孩子對於自己的能力充滿自我肯定，對於未完成的部分，也較容易有接近的意願。

2. **調味料理好開胃**：再來考量給予孩子的學習刺激，無論是閱讀或操作性教材是否夠酸、夠鹹，甚至於夠辣，以好開胃、促進食慾。為了達到如此開胃的效果，建議你可先從找出能夠刺激孩子的興趣開始。

當學習刺激能夠讓孩子感到興趣，他的主動性自然而然就會出現，學習的意願就能提高，當然專注力及持續性也就不需要你特別的煩惱或操心。

當孩子對於教科書本內容興趣缺缺，連翻閱都缺乏動力，這時如果我們仍然固執地想要他在這節骨眼上奮發圖強，其實真是強人所難。

先讓孩子從原先的興趣維持對學習的動力，再一步一步，一口一口讓孩子品嘗你認為營養，但對他卻食之無味的學習刺激。例如當孩子久未接觸書本閱讀，建議你先從他（她）喜歡的小說、散文或漫畫開始，讓孩子在閱讀上先熱機一番，進而再轉移至讓他們較食不下嚥的教科書。

從孩子感興趣的事物切入，只要是對他能夠先產生學習的好奇與主動性就可以。

3. **造型餐具好下胃**：有時為了讓孩子能夠願意動手吃飯，我想你或許曾動腦筋在於選擇各種能夠吸引孩子注意的餐具，無論是特殊造型的湯匙、刀、叉、筷子，或特別圖案的杯子、碗、盤等。

啟動孩子的學習動機，有時也可以依此概念延伸。例如當孩子的學習慾望明顯低迷不振，與其一成不變的要求強迫他學、她做，這時，倒不如思考如何讓教學或教材變得更生動有趣，這如同你花些巧思在吸引孩子目光的餐具上，而增加孩子願意用餐的動機也是類似的道理。例如突然發現汽車造型的餐盤，或者有海綿寶寶與派大星圖案的湯匙及湯碗一般，讓孩子的味蕾又被啟動。

4. **好玩有趣好滋味**：想要讓孩子開胃，有時你會想在菜色的組合與變化上動動腦筋。要讓學習變得好玩有趣，或許你也可以思考一些有意思的獎勵方式，像是在代幣的給予上多一些變化。

對於學習來說，代幣的設計是一種從外控到內控的階段性策略，當你將取得代幣的方式設計一些變化，孩子通常能夠為此拉高他的參與動力。

無論是丟銅板（數字、人頭二選一）決定是否有代幣，或是翻書找頁數、抽號碼牌或撲克牌都行，以抽中的數字來決定代幣的點數。當點數累計到一定數字（例如5點、7點）則翻命運牌或機會牌，內容可自行設計（例如點數乘以1.5或加3點），就像玩大富翁一樣。擲骰子、射飛鏢、投籃、套圈圈都可以，只要能夠啟動孩子的學習意願都行。

5. **必點菜單好口味**：每個孩子都有自己喜愛的美味、爽口開胃菜，無論是餐餐必點的涼拌小黃瓜、納豆，甚至於剝皮辣椒。啟動學習動機也是如此，你可以細心觀察孩子平時能夠自發性去接觸的學習活動是什麼，並詳細列成清單，無論是繪本閱讀、樂高積木組裝或機械玩具操作。

這些學習必點的菜單內容，除了是孩子感興趣的之外，通常也是孩子最擅長的優勢力，更是學習動機的活力泉源。

我就是愛買，孩子想買玩具前的七項思考題

對於孩子的愛買，總是讓父母感到頭痛。除了學習如何在購物現場維持堅持，對於孩子當下的哭鬧動腦因應外，或許試著引導孩子學習面對自己與物質的關係，進而可以有效控制自己的購物慾望，這會是一道最為根本的方法。

「媽媽，我要買那個。」小丸拉扯著媽媽的袖子，眼神直視著架上的湯瑪士合金小火車。

「家裡不是已經有好幾台湯瑪士，你幹嘛還要買？」媽媽已經有點受不了小

丸對於玩具的喜新厭舊，還有家裡堆了滿坑滿谷玩具的樣子。

「每次瞧見這些四處亂丟的玩具，就讓我一個頭、兩個大。」媽媽心中嘀咕著。

小丸理直氣壯地向媽媽爭辯著：「家裡又沒有托比！而且也沒有培西蛋糕車隊！」

「我才不管什麼托比不托比，反正你的湯瑪士小火車就一堆，亂買一通。」媽媽已經有些火氣上來。

「可是我就只有湯瑪士、高登、亨利、詹姆士、比爾、班、道格拉斯、安妮、貝兒……」不等著小丸把他那一群合金小火車說完，媽媽急著想掉頭就走，離開玩具反斗城。

小丸拗在原地，執意不走，略微妥協地說：「那我買別的嘛！那我買別的嘛！」

「不然我買戰鬥陀螺鋼鐵奇兵嘛！」媽媽不為所動，改為一句話都不說。

小丸開始有些急躁，並更加用力拉扯著媽媽說：「那我可以買什麼？那我可以買什麼？」

這時，媽媽開始有些受不了無理取鬧的小丸，接著抱怨說：「你不要老是看到玩具就想買，滿腦子都只是想要買玩具，控制一點嘛！你不知道現在爸爸工作很辛苦，錢很難賺，也不知道省一點。」

終究受不了小丸的衝動，還有那股看到就想要的固執，媽媽最後只好妥協地說：「聽好喔！這次只能買一個，而且不能超過兩百塊，以後不准你看到就想買，不然下次就不要出來逛。」

只是，這句聽起來似曾相識的話，聽在小丸的耳裡，卻一點作用都沒有。因為，下次是下次，而且都有每一次。

對於孩子的愛買、想買、亂買，總是讓帶著孩子出門逛街的父母感到頭痛。除了讓自己學習如何在購物現場維持堅持，對於孩子當下的哭鬧、執拗動腦如何因應外，或許試著回到根源，引導孩子學習面對自己與物質的關係，進而可以有效控制自己的購物慾望，這會是一道最為根本的方法。

☆ 以下七項建議，希望能提供根本的幫助。

1. 為什麼要買這個玩具？當玩具要進家門前，是否能給予一個理由，讓孩子在決定購買之前，能夠有一個很清楚的想法。

為什麼要買這個玩具？你會發現孩子很容易回答你：「因為這個玩具很好玩！」「因為我想要這個玩具。」「因為我沒有這個玩具。」「因為我喜歡這個玩具。」等直接又不假思索的答案。

你可以繼續如同剝洋蔥般地探問：「為什麼喜歡這個玩具？」「這個玩具吸引你的是哪裡？」

2. 我有沒有類似的玩具？有時父母頭痛的是，孩子同樣類型的玩具在家似乎堆得滿坑滿谷，你也可能質疑地想，孩子的記憶力是不是這麼差，明明玩具箱裡一樣的東西就很多，為什麼還要買？

事先和孩子討論自己有沒有類似的玩具，和孩子訂定一個遊戲規則，相類似的玩具不買，除非他有說服你的理由。

不然，他就必須能夠告訴你，原先的玩具該如何處理，例如是和小朋友分享送給對方、交換，或者捐贈給慈善機構。

3. 我可以等多久才買？讓孩子練習等待，想想今天買跟明天買有什麼不一樣？明天買跟下個禮拜買有什麼不一樣？下個禮拜買跟下個月買有什麼不一樣？引導孩子自我覺察他可以等多久？為什麼他今天非買不可？請他給你一個理由。

如果確定要買這個玩具，請和孩子訂定一個合理的等待時間，例如兩個禮拜後、月考後或生日時。請記得，滿足感的延宕訓練是提升孩子情緒管理的一項課題。

4. 買或不買，有什麼感覺？沒錯，玩具總是孩子的甜蜜夥伴，總是容易讓人看了就愛，但有時也容易喜新厭舊，看了一個，就忘了一個。

買玩具，多少讓孩子有著一段好的感覺，至少在剛買的時候是如此。引導孩子自我覺察與玩具的心情關係，例如我買了這個玩具，對自己會帶來什麼感覺？無論是會帶來開心、滿足、幸福、高興、愉快或興奮等。

同樣地，如果我不買這個玩具，對自己又會是什麼感覺？是失落、難過、生氣、傷心、失望或平靜等。

5. 這個玩具好玩在哪裡？讓孩子在決定購買玩具前，是否能夠事先瞭解及探究眼前的這個玩具，並熟悉它的功能與其他玩具的差異。

當然，好玩並不表示就一定要買，但是在買之前，如果能夠讓孩子先清楚眼前的玩具吸引自己的會是什麼，多少也能夠讓他練習比較、判斷與分辨不同玩具之間的屬性。

6. 這個玩具我會玩多久？你或許可以與孩子一起整理他的玩具箱，練習將玩具一一地陳列，並檢視自己與這些玩具的親密關係有多久？自己有多久沒再碰這些玩具？如果買了這個玩具，自己又會玩多久？

當然，孩子多少會告訴你：「我會玩很久。」對於這個回答，或許你可以反問他：「那你上個禮拜買的那個假面騎士玩多久？」試著讓孩子看見自己的不一致，及覺察自己的行為模式。

7.下一個玩具會更好？有時你會發現，孩子在玩具賣場總是容易看了一個愛一個，買了這個，喜歡那個，下一個總是讓自己覺得最好。

讓孩子事先想想，如果買了這個玩具，等一下又看到更喜歡的玩具，我會怎麼樣？買玩具，對於孩子來講是一種選擇，當然如此的選擇並非二分法，而是讓孩子在面對當下的事物練習作判斷，一種謹慎思考後的判斷，而不是看了眼前的事物，見到就想買。

請接納孩子對於以上問題的回應，別急著下結論，別急著否定，請提醒自己，不是大人說的才對、才算。

「完美」全館七五折，拍賣中

孩子的心中其實也很矛盾，他既欣賞自己的高度自我要求，但對於凡事追求完美無瑕的個性及行為模式，往往又感到討厭。

如果將「完美」這件事來個全館七五折、八八折，對於孩子的身心發展或許還可以轉趨於平衡，說不定在孩子該有的學習上，也能夠有所完美展現。

「不能錯、不能錯，一點都不能錯。」存白用食指仔細地從左滑到右，再緩緩地從右看到左。

他不時地對著眼前的考卷，自言自語：「一定要對，這回一定要全對，我一定要一題一題好好地檢查，再檢查。」

就像考古學家，存白不斷地推敲著每一道題目，但心中卻又不時傳來一個聲音，「沒時間了，不要再檢查了，再拖下去，其他題目就都不用寫了。」

這個理性的聲音，總是將存白的思緒拉回到現實，並讓他感到焦慮不已：「哇！糟糕！竟然還有那麼多題沒有寫。」

「你到底要上網找資料找多久？電腦都被你占住，到底什麼時候才能輪到我？」就讀高中的哥哥已經按捺不住心中的煩躁，對著國三的存白警告：「如果你每次占線都要占這麼久，小心明天電腦我就不讓你用。」

書桌上的列表機已經列印出一落一落的資料，但存白仍然覺得：「一定還有我沒注意到的資料，這次分組報告輪到我蒐集氣候變遷與雨林生態的資料，我一定要完整地把這些內容找出來。」雖然距離明天要交付給組長的時間只剩一個晚上，但連續找了三天的資料，存白卻都還沒有彙整。

存白其實心中很矛盾，既欣賞自己的高度自我要求，但對於凡事追求完美無瑕的個性及行為模式，往往又感到討厭。

「我一定要做好，不能辜負爸媽、老師及同學們對我的期待。要求完美本來就是一件讓人辛苦的事，但我相信這一切一定都會值得，只是我還在摸索，說不定以後就能夠讓我找到最完美的讀書方式。」當存白這麼想的時候，其實眼前許多被拖延的事情，都暫時被壓制住，當作沒看見。

對於許多現在的父母或老師來說，高度的自我要求及對完美的追求，在孩子的身上看見這些總是令人感到安慰，特別是當孩子把這些特質放在課業上，更是讓人安心、放心許多，縱使孩子在內心裡常為此感到焦慮不已。

如果將「完美」這件事來個全館七五折、八八折，對於孩子的身心發展或許還可以轉趨於平衡，說不定在孩子該有的學習上，也能夠有所完美展現。

讓完美打個折，是否心中反而有更接近完美的感覺呢？

✩ 以下七點想法與你一起分享，讓親子能夠更合理地來看待完美這件事。

1. **如何看待完美？**為什麼一定要完美，你是否說得出來？追求完美，宛如一道緊箍咒將孩子的腦袋瓜壓得反應不過來。你是否可以說服自己，孩子在追求完美這件事情上，反而讓自己變得痛苦？重要的是，面對想要完美這件事，常讓自己想得多，但做得卻不多。

愈想要完美，就更不可能完美。完美，為自己、為孩子帶來什麼？

2.完美的理由：動個筆，試試看，是否可以寫下說服自己「完美」的理由。

和孩子一起檢視，在這要求完美的過程中，有多少是在滿足或迎合他人的期待，例如，「如果這次英文段考能夠進到九十，我想爸爸媽媽一定會非常高興，同學對我一定會刮目相看，我一定要挺進到九十分。」

而不是追求自己對自己的挑戰，讓自己的能力與表現與以前相比較，又更進一步邁進，例如，「我上回英文段考，原先一百題英文選擇，從先前答對六十五題，這回我仔細調整過我的作答方式，也努力去區分不同的句型涵義，我想這回或許有機會往前推進到答對七十題。」

3.先完成再說：「完美」ON SALE全館七五折，先讓孩子學會完成再說。別讓大人的完美，成了孩子學習動機的絆腳石。為了完美，卻什麼事都沒做完，一切反而變得不完美。

完美，總是讓人期待。為了達到完美，許多孩子的功課進度被迫拖延下來。修改，再修改。為了達到完美，許多人寧可耗費時間先編想這個畫面。想多於做，想得愈久，做得愈少，時間一樣不等人持續往前走。

4. **找出非理性惡魔**：在完美主義的細節裡，總是藏著不理性的惡魔。這些愛作怪的負面想法，總是讓孩子感到焦慮。

如果要找出這細節裡的魔鬼，需要我們仔細去聆聽孩子的表達，例如孩子是否總是容易出現「一定、都、必須、所有、全部、應該」等字眼，例如，「我一定要找到最好的、最完美的解題方式。」「我一定要能夠掌握所有的事情，這樣就能夠按照我想要的方式進行。」通常，在完美主義的作弄下，無法順著自己的軌道走，對於孩子來講是很糟糕的一種經驗。

5. **為自己設定界線**：資料是永遠也找不完的，心中設定的完整、最好的資料也不一定讓你搜尋到。

以上網搜尋資料為例，讓孩子幫自己設定界線。這界線無論是時間上的，例如給自己十分鐘搜尋；或者是數量上的，例如找到十篇就離線。讓孩子有個合理的界線，在這能夠完成的範圍內，讓他可以悠遊在裡面，享受自己的最佳表現。

6. **錯誤中的寶石**：和孩子一起玩一場遊戲，從失敗與錯誤中，找出對自己有利的經驗寶石。例如，從這次段考中，將在數學試卷上的錯誤原因，事後一一推敲、檢視，從中找出自己可能出現的盲點，或概念模糊不清的地方，而這些都是讓自己瞭解現階段在數學上的表現狀況，以讓自己有較好的掌握。

7. **適度修正標準**：讓孩子瞭解，每一場的表現其實都會隨著情境的不同，而需要做不同的標準修正。例如，這次國語段考，老師出題的難度明顯提高許多，雖然自己在前一次拿到八十五分，但這回順著題型難度的加高，則為自己的表現調整至允許的七十五分，當然能夠維持在八十五分，那就更好了。

當偏心遇見不公平

在每個偏心、不公平的聲音背後，多少也反映著孩子們內心裡想要父母看我、看我的呼喚，以及自我在父母心中的重量。

「不公平，為什麼妹妹可以吃冰淇淋，我就不可以？」因感冒聲音略微沙啞的心怡拉著爸爸的袖子吵著。

「媽媽最偏心，都不陪我玩，每天只陪姊姊做功課。」妹妹抗議著。

「不公平、不公平，為什麼每次都是我先洗澡，妹妹就可以晚點洗。」心怡不滿地說著。

「媽媽偏心，每次姊姊的生日蛋糕都買得比我大。」妹妹向爸爸抱怨說。爸爸按捺不住性子抱怨：「心怡，還有妹妹，你們兩個是怎麼一回事？什麼公平、不公平，偏心、不偏心，意見那麼多。爸爸、媽媽對你們兩個還不是都一樣公平，爭什麼爭。」此時，心怡嘟著嘴，雙手交叉在胸前，眼睛不願正視著爸爸，妹妹則摳弄著手指頭，低頭不說話。

在每個偏心、不公平的聲音背後，多少也反映著孩子們內心裡想要父母看我、看我的呼喚，以及自己在父母心中的重量。

偏心，很自然；公平，不容易。當孩子說大人偏心不公平，怎麼辦？

☆ 以下八點建議任你選，任你組合，在行動之後，你將發現親子之間的適切平衡與對待。

1. **平衡最公平**：有些孩子總是抱怨，「爸爸，為什麼每次回家你都先跟姊姊打招呼？」「媽媽，為什麼每次你都先問弟弟要不要出去玩？」對於這些微詞，你或許會不以為然地覺得孩子幹嘛愛計較。但是，在微妙的親子互動中，父母總是先向誰說，對於有些孩子來說，是件敏感的事情，並容易感受到被忽略。

建議你，在與孩子對話時，適時提醒自己在對話的次序上，平衡一下順序，有時先叫姊姊，後叫弟弟；有時先叫弟弟，後叫姊姊，會讓孩子的感受舒服些。例如當車行國道五號上，和孩子分享沿途的景色，你可先開口：「姊姊、弟弟你們看，遠遠的海中央是龜山島耶！」隨後，再調整說：「弟弟、姊姊你們看，前面就是雪山隧道囉！」

2. 約會最公平：有些孩子總是抗議：「你都不陪我，只陪弟弟（或其他兄弟姊妹）。」在孩子的眼中，有時看待父母與其他的手足關係，總容易覺得大人特別關心對方，自己卻總覺得少了些什麼。有時孩子希望父母給自己的關注是全部的，而不是兄弟姊妹剩下的。

生活當中，只要細心地觀察，其實在時間的河流中，蘊藏著許多零碎的美好時光。這些短至十五分鐘，長至一小時或半天的時間，足以讓父母選擇與孩子當中的其一，進行親子兩人的約會獨處時光。

對於孩子來說，小小的兩人約會獨處，是大大的幸福享受。例如當妹妹在睡午覺時，媽媽就陪姊姊讀繪本；當哥哥還在安親班，爸爸就陪弟弟散散步。

3. **揪團最公平**：為了減緩孩子太過於注意父母對誰比較公平，對誰比較偏心，父母的另一種生活選擇，可嘗試以全員出動、揪團號召的方式，讓孩子們能夠感受到全家共同體驗的凝聚感，而降低對於個別需要被注意的感受。建議你平時可多使用「大家一起吃飯囉！」「走，一起出門曬曬太陽去！」等。

4. **讚美最公平**：孩子其實很不喜歡父母總是在手足之間說：「你看！哥哥這麼懂事會幫忙做家事，你多少也向哥哥學一學。」並非父母不能夠在孩子面前細數手足的優點與好表現，而是盡量將這些正向的能量讓手足之間的關係做聯結，多引導孩子去看見對方與自己的好關係，例如，「姊姊好棒喲，能夠幫弟弟複習功課。」「哇！你們兩姊妹騎腳踏車的畫面好美。」

5.解決最公平：有些孩子抱怨父母偏心、不公平的聲浪，當中有些是來自於覺得父母在處理手足爭執或衝突時，讓自己感受到被不平的對待，例如「你已經有那麼多貼紙了，給妹妹一張會怎麼樣？」等。

當孩子彼此間，不時爭吵「不公平、不公平，為什麼都是你比較多？」此時，父母先不急著馬上介入兄弟姊妹的爭執或衝突中，可先觀察孩子彼此如何解決這道問題。如果一段時間後，發現孩子之間仍然沒有解決，此時，再引導或提供適合孩子的問題解決方式。

6.同理最公平：有時父母總是表示「你是哥哥，本來就應該要讓弟弟。」「妹妹這麼小，我不抱她？難道要抱你？讀國小了還這麼不懂事。」這些看似有道理的說詞，其實聽在孩子的耳際，無疑地將親子溝通的門重重地拉下，甚至於將門鎖住，不再和你往來。

嘗試去體驗孩子對於父母偏心可能存在的感受，就像穿上孩子的衣服般，是否會覺得大小尺寸不合身而感到不舒服。

試著幫孩子說出心裡的感受，例如，「媽媽猜，是不是我常常抱弟弟，讓你感到偏心、嫉妒？」

7. **表達最公平**：有時，孩子受限於年齡的發展，對於公平的想法較為表面，特別是對於物質或權利的分配，往往傾向於「你有，我也要有；我有，你最好沒有；我沒有，你也不能有。」

什麼是公平？聽聽孩子怎麼說。在孩子的陳述當中，可以讓我們仔細推敲並用心瞭解孩子的公平概念是否成熟。當然，讓孩子的抱怨合理說出來，總是一扇情緒的紓解窗口。或許，在孩子的想法表達中，還真能讓我們看見自認的公平，還真不公平。

8. **體貼最公平**：請記得，不要刻意在孩子們的面前說誰疼誰，例如，「你媽媽最疼弟弟」、「你爸爸最愛姊姊」，這些話，當反覆在孩子的耳際傳來傳去時，其實是容易讓孩子在心裡對於父母存在著偏心、不公平的感受。

只是，當你發現孩子不斷地詢問你：「爸爸最疼誰？」「媽媽最愛誰？」或許你可以試著四兩撥千斤地回應：「當然女生最愛姊姊，男生最疼弟弟囉！」

如何教出有禮貌的孩子？

禮貌是一道可以教導，也應該教導的親子課題。
有了禮貌，一切將如雪球般為孩子在成長的路途上滾出正向的能量。

人潮擁擠的大賣場，小倫推著購物車橫衝直撞，隨口說著：「閃邊、閃邊！」

被撞著的中年男子大聲嚷著：「誰家的孩子，這麼沒禮貌！」小倫依然視若無睹不予理會。

「小朋友，這裡人多熱鬧，請放慢速度，慢慢逛。」微笑的阿姨對著小倫這麼說著，購物車竟也神奇地緩緩而行。

玩具區裡，小倫任意將物品外包裝拆散，玩弄後卻隨處放。

「嗨！聰明的小朋友，我猜你一定知道玩具的家在哪裡。」一旁的爺爺如此說著，小倫隨即點點頭，做該做的事，將外包裝整理好，把玩具放回原來位置，向爺爺說再見後，快步跑向故事書那一區。

禮貌是一道可以教導，也應該教導的親子課題。

禮貌讓大人與孩子學習以友善的態度去面對生活周遭的人，無論熟悉或陌生。禮貌是一種生活態度，這態度讓彼此感受到被尊重，同時讓人感受到心裡舒服。禮貌甚至於是一種生活習慣，有了禮貌，一切將如雪球般為孩子在成長的路途上滾出正向的能量。

✫ 七個提醒，讓禮貌成為孩子的一部分。

1. **禮貌愛微笑**：微笑是展現禮貌最基本的方法之一。微笑，是可以耳濡目染的，特別是來自於父母自發性的微笑，總是原汁原味地傳遞給孩子。

常常保持微笑，常常提醒微笑，常常看見微笑，是拉近彼此情感距離與化解衝突的魔力。

教導孩子禮貌，微笑是最容易進行的一件事。當孩子少了微笑，擺臭臉，大人直覺上容易認定孩子一定是不高興或生悶氣。有時孩子擺臭臉是情非得已，當孩子太過於專注，太過於緊張、焦慮或不知所措時，臉部表情便很容易僵硬、平板、少變化。

試著對於孩子的情緒給予同理，父母需要練習靜下心來幫孩子說說話。例如，「媽媽猜，你是不是因為我不答應你出去，在生悶氣？」「爸爸猜，你是不是和電梯裡的叔叔不熟悉，但他和你打招呼，讓你感到有些緊張？」

2. 禮貌靠魔鏡：「魔鏡、魔鏡，誰是世界上最有禮貌的小朋友？」如果孩子自己無法覺察擺臭臉這回事，而有所調整，如此往往容易被誤解為沒禮貌。

建議你，運用魔鏡來練習臉部表情的微調，讓孩子站在鏡子前，注視著鏡子裡的自己一分鐘。讓孩子從鏡中觀察自己的臉部表情，例如是否常眉頭深鎖、皺眉、瞇眼或嘟著嘴。

同時讓孩子透過鏡子練習說話，並觀察自己的臉部表情是否隨著說話內容而有所改變。接著讓孩子練習逐漸微調自己的眉毛、眼神、嘴型、臉頰等肌肉或動作變化。

當孩子懂得如何控制自己的臉部肌肉時，此時他就有機會放鬆自己的臉部表情，不會因為過度僵硬而讓人誤解他所要傳達的訊息。

3. **禮貌招呼讚**：說有禮貌的話，無論是請、謝謝、對不起；無論是早安、你好、說再見，總能為孩子帶來好回應。當大人習慣主動向他人打招呼，常常看見對方的好回應，如此孩子便會有樣學樣的學習。

大人都愛「讚」，孩子也不例外。看光點，見暗點，這當中取決於大人與孩子的一念之間及平時看待周遭事物的方式。引導孩子將注意力聚焦在對方的好回應，並主動地反映出對方的優勢力。

運用便利貼，你可以隨手寫下任何想與孩子分享的好話。將這些寫有正向話語的便利貼，隨時出現在孩子的電腦螢幕上、書桌前、飲料杯、書本封面或鍵盤上，在任何孩子視線能夠觸及的地方。

讓這些充滿正向力量的話語，不落痕跡地在你與孩子的生活中隨處可見。大人說好話，孩子學禮貌。

4. 禮貌廣告詞：禮貌有時反映著孩子做出符合當下情境的表現。「做該做的事」，如同廣告詞一般，透過父母不時耳提面命，讓孩子在腦海中深刻地烙印，以至於形成自動化。例如，「做該做的事，結帳要排隊」、「做該做的事，在圖書館請保持安靜」、「做該做的事，將玩具放回原來的架上」等。

讓孩子深刻瞭解在不同的場合有著不同的要求與符合該情境的表現，同時讓孩子懂得應有的責任。做該做的事，禮貌跟著來。

5. 禮貌在哪裡？對於孩子來說，有時談禮貌太抽象、太遙遠，此時影像媒介呼之欲出。建議你，選擇適合孩子年齡觀賞的影片及動畫。讓孩子在觀影的過程中，一起與父母共同尋找影片當中的禮貌片段。有畫面，禮貌在心裡就比較容易看得見。

孩子或許會問你禮貌是什麼，這時引導孩子去感受影片中的角色，哪些眼神、表情、動作、肢體語言、說話方式、語調及字眼，能夠讓自己看著、聽著，感覺心裡舒服，這時離禮貌就不遠。

6. **禮貌說故事**：當孩子看著、聽著大人平時所強調，小朋友要有禮貌。此時，透過讓孩子說禮貌的故事，無論是讓孩子自編或講出所聽過的故事，在說故事的過程中，父母進一步可確認孩子在概念上是否對於禮貌有所瞭解。有故事，有情節，透過孩子的口中說出，禮貌的畫面似乎就在眼前。如果加上角色扮演，在對話及行動揣摩中，孩子的禮貌就更有味。

7. **禮貌祕笈袋**：禮貌，有時反映著孩子如何有效因應生活中的各種狀況。準備紙筆，與孩子一起討論，在日常生活中，可能面對的社會模擬情境及腦力激盪問題解決方式。例如，分組時被拒絕怎麼辦？剛剪的髮型被嘲笑怎麼辦？不小心認錯人怎麼辦？

每一張紙，只列一項社會模擬情境，及記錄各種問題解決方式，過濾不可行或明顯有反效果的方法，最後，將這些社會模擬情境及問題解決予以彙整，讓孩子隨身攜帶成為禮貌祕笈袋，時時練功，禮貌一點就通。

承諾車票、信任月台與責任號列車

父母都希望孩子能守信用、守承諾，無論是日常生活中的基本要求，或是學習與課業中的責任等等，但究竟該如何培養呢？

「阿信，你不是說好六點半以前要把功課做完，怎麼到現在還在看電視？作業連動都沒動？你到底在做什麼？」

「還有，你說要整理書桌這件事，現在做到哪裡去了？桌面亂成一團，像話嗎？」媽媽帶著有些失望及怒氣的眼神緊盯著沒有遵守承諾的阿信。

「可是我作業那麼多，怎麼可能六點半寫得完？」

「為什麼弟弟就都不用收東西，我就要整理，桌上也有弟弟的玩具啊！」

阿信若無其事地回應著媽媽，但這麼一說反而讓媽媽更生氣：「口口聲聲答應我，卻不守信用，還在跟我說理由！」

原先答應媽媽去洗澡的阿任，卻一直窩在房間內玩著爸爸iPad上的遊戲。有著哥哥阿信剛剛的不守信用，這回媽媽瞧見弟弟阿任也在敷衍她的要求，更是火氣上升：「把iPad給我收起來，你現在應該是要做什麼？洗澡？洗到iPad去了！」

媽媽挫折地向爸爸抱怨：「奇怪？為什麼會這樣？我是一個很遵守信用的人，為什麼教出來的孩子卻不把這句話當作一回事？不只哥哥阿信這樣，怎麼連弟弟阿任也學得有模有樣？好的不學，盡學壞的。」

爸爸眼睛看著iPhone邊回應著媽媽：「唉！我看他們兄弟倆都把父母的話當作耳邊風，這樣長大還得了？」

「那你倒是說說看，應該怎麼做？」媽媽一把將爸爸手上的iPhone給拿過來，雙手擺在胸前問著爸爸。

媽媽對於遵守承諾這件事非常的在意。她認為這是一個孩子在成長過程中，最基本的做人做事的道理，但這一點似乎在阿信與阿任兩兄弟身上總是容易破功。親子間的承諾，舞動著彼此間的信任與責任關係。

在親職諮商過程中，常有許多如同阿信與阿任的父母般抱怨著，及數落著孩子種種無法信守承諾的困擾。這些承諾無論是日常生活中的基本要求，或是學習與課業中的責任等。

✰ 分享下列五點因應策略，提供予你參考。

1. **信任月台與承諾車票**：以孩子能夠聽得懂的方式，讓他瞭解當自己未購買「承諾車票」，那他就無法登上「信任月台」，就無法啟動「責任號列車」到達他想去的地方，做他想做的事。

以上述的狀況為例，媽媽可以對阿信說：「阿信，你應該知道如果承諾是一張車票，當你事先已經答應媽媽要整理書桌，但說了你卻沒有做，這就像你手上沒有買這一張承諾車票。很抱歉，沒有車票你是不能登上信任月台的。

更別說，能夠搭上責任號的列車，去你想去的地方，做你想做的事。不管是吃冰淇淋，還是原先提到的線上遊戲。承諾沒有，信任沒有，責任沒有，很抱歉，你吃的、玩的權利與福利也沒有。」

2. **自我覺察行駛技術**：當父母與孩子討論「該做的事完全沒做到」時，建議你，先不急著探詢孩子沒做到、列車嚴重誤點的原因，但可以引導他自己說出在完成列車啟動這件事情上做了什麼（自我行為覺察），以降低孩子習慣對該做未做的事找藉口。

例如，針對阿信的例子，建議媽媽先不急著如此問他：「你為什麼答應我的功課沒寫？書桌沒整理？」通常這麼問，很容易讓孩子找到藉口敷衍搪塞，就如同前文所述：「可是我作業那麼多，怎麼可能六點半寫得完？」或「為什麼弟弟就都不用收東西，我就要整理，桌上也有弟弟的玩具啊！」建議你可以改問他：「你在做什麼？」在阿信正在看電視時，試著讓他自己說出來，練習自我行為覺察。

3. **責任號列車誤點的代價**：溫柔且堅定的讓孩子瞭解「責任號列車」需要到達目的地，無論發車的時間正值孩子最愛的卡通時間或遊戲時段，仍須啟動。運用孩子原先在意的時間，將該做的事做完。

承諾該做的事未做，就像沒有購買車票就直接登上列車，除了應該補足原先的票價之外，孩子必須給付額外收費的代價（行為後果）。

例如，對於上述阿信的例子，媽媽仍然要求他必須立即開始動手寫功課，還有整理書桌，無論現在卡通是不是看到一半，或精采的片段。很抱歉，讓阿信知道他還是得完成這些原先答應的事。

同時，在應該補足原先的票價之外（寫功課及整理書桌），阿信必須接受額外收費的代價，例如原先應允的冰淇淋或線上遊戲也都取消。

4. **協助孩子設定自我提醒時刻表**：當完成事情之後，協助孩子在未來如何適時提醒自己啟動列車，做該做的事，無論是運用便利貼、計時器或鬧鐘。同時也可以將列車到站改成一小站一小站，藉由任務分段增加完成的機率。

例如，在阿信寫完功課及整理完書桌後，可以引導他如何提醒自己完成答應他人的事，例如運用便利貼將爸媽或老師所交代的事寫下來，貼在醒目的地方，讓自己隨時可以看見。

或將計時器或鬧鐘擺在觸目所及的地方，隨時自我提醒需要完成的時間。如果覺得一口氣要完成功課有困難，也可以事先分成兩三部分，一步一步完成。

5.分析孩子啟動列車的動力與燃料：建議你可以重新分析孩子對於所交付任務的動機或能力，是否可以持續注意而獨力完成。

如果發現孩子啟動列車的動力與燃料不足，你的陪伴一起完成或許是個好方法。例如，當你發現阿信在獨立完成功課這件事情上，似乎有所困難時，或許你可以事先分析及瞭解孩子在書寫功課這件事的困難度在哪裡。例如是專注力不足？書寫的精細動作不佳？手眼協調不好？還是基本的聽、說、讀、寫、算能力不佳？

試著針對問題給予相對應的解決，當然你的陪伴也是一種方法，如果能夠讓孩子依時完成任務的話。

孩子在學校被欺負，不敢講怎麼辦？

面對孩子的三緘其口，或不願談論的反應，建議你，先不要急著想追問原因或事發經過，先同理回應：「哥哥，媽媽感覺到你今天在學校應該有些委屈。」或寫張紙條塞進房間，或使用便利貼，讓孩子知道你能感受到他的情緒訊息。

「好奇怪，阿默最近回家怎麼都悶悶不樂、不說話，每次回來就直接走進房間，把門用力關上？不然就是脾氣很不好，放學回來就大發脾氣、摔書包，大聲罵妹妹：你才笨頭笨腦。」

媽媽疑惑著想，以前的阿默放學後總是有說有笑，而且和妹妹感情很好，這到底是怎麼一回事？

當房間傳來他的咆哮聲，媽媽隱約聽見：「為什麼都是我？為什麼？為什麼？我又沒有做錯事，你們幹嘛要這樣對我！」

「不要以為我不說話就好欺負，可惡！成績好是我努力得來的，是你們自己不用功，幹嘛說我礙眼！」此時，媽媽直覺地認為阿默在學校似乎發生了一些事，但是他幾乎什麼都不說。

加班夜歸的爸爸似乎也發現阿默有些不對勁：「這到底是怎麼一回事？這個孩子是哪根筋不太對？剛剛在房間門口遇見連打個招呼都沒有，正眼也不瞧我一眼。」

媽媽緩頰說：「阿默剛剛跟我說他頭痛不舒服，明天不想去學校，要我幫他請假。可是，他看起來不像生病感冒的模樣啊！」

對於有些孩子來說，校園有時就像一處非己所願的羅馬競技場，被打、挨罵、被欺負、受霸凌，可能無時無刻出現在身邊而苦痛不堪。如何協助孩子勇於開口對父母說，是讓孩子遠離校園羅馬競技場的第一步。當孩子在學校被欺負，回家不敢講怎麼辦？

✰ 分享以下七個步驟，在環環相扣中，讓孩子面對在學校被欺負後，仍然能夠自然、勇敢及願意對你開口說。

1.三效合一讀卡機：當孩子放學後，一句話都不說，或大發脾氣，或唉聲抱怨頭痛不想上學，你該如何覺察與解讀孩子所要傳達的訊息？建議你，啟動三效合一讀卡機。

運用你的眼，仔細觀察孩子的眼神、嘴型、表情、姿勢、動作是否出現異樣？

運用你的耳，仔細聆聽孩子說話的聲調、音量、語氣，或使用的字眼是傳遞著什麼樣的情緒訊息，而你是否也可以聽出弦外之音。

運用你的觸覺，敏感孩子的反應，當你輕輕碰觸孩子的手心、擁抱孩子的身體時，他是否出現畏懼、逃避或者是抗拒的反應，甚至於是大發脾氣或在你的懷裡哭泣？

面對孩子的三緘其口，或不願談論的反應，建議你，先不要急著想追問原因或事發經過，先同理回應：「哥哥，媽媽感覺到你今天在學校應該有些委屈。」或寫張紙條塞進房間，或使用便利貼，讓孩子知道你能感受到他的情緒訊息。

2.旋轉木馬轉圈圈：當你發現，孩子放學後，出現異於平常的表現，甚至於感受到他的心情陷於負向漩渦而跳脱不出來。此時，建議你，先轉移孩子的注意力，就如同在悲傷、難過、委屈或憤怒時，讓他坐上音樂旋轉木馬轉圈圈，將壓抑的情緒先轉移到另一個心情捷運出口。

透過一些屬於你孩子平時抒解壓力的方式，讓心情舒緩一下，再等待下一段孩子心門願意敞開的時刻。

無論是讓孩子深呼吸或數數自己的心跳，或是沖個澡、伸伸腰、床上小睡，或是聆聽音樂，或對著家中寵物説説話，注視水族箱中的孔雀魚游來游去，或望著緩緩爬行的小烏龜，或是傾聽雨滴聲，或是打開窗，感受涼風與臉的接觸等。

仔細觀察，孩子的情緒是否轉為愉悦，臉部表情與肢體動作是否柔和些。想要與孩子對談在學校被欺負的事，請選擇孩子身心較為放鬆的時刻。

3.情緒鮮奶限時開：建議你，用隱喻的方式讓孩子知道，自己的情緒就像是便利商店中架上冷藏的鮮奶一般同樣有保存期限。當負向情緒放在心裡久了，無論是感到傷心、焦慮、挫折、難過、生氣、不滿、害怕、委屈或恐懼等，就像鮮奶過了保存期限會變質、變酸。

鼓勵孩子讓他知道將內心壓抑許久的話說出來，有時會是很棒的一種滋味，這就像將冷藏的鮮奶在保存期限前把它打開喝完一般，香醇美味，自己的心情也會變得較為放鬆、舒暢。

4.長耳兔子專注傾聽：期待孩子開口說，是需要營造一個讓他能夠自在、信任、放鬆的談話情境。無論是剛洗完澡或是臨睡覺前，或在溫暖柔和的燈光下，在沒電視干擾的情境下，陪伴孩子一起面對面坐下來，如同長耳兔子般專注傾聽。

讓自己的身體微向前傾，眼神溫柔地注視著孩子，試著讓他感受到你的開放、耐心及願意傾聽他的聲音。

請同理並幫孩子說出心裡的感受，無論是對於被欺負所感受到的害怕、恐懼、生氣、憤怒、傷心、難過、無奈或委屈。

5. **烏鴉麻雀聒噪暫停**：當孩子願意和你談論在學校因為一些事情而被同學打、罵、欺負或霸凌時，請記得，在這當下任何多出來的說理、嘮叨、囉嗦或指責，對於孩子來說，都不是他當下想要的。例如，「媽媽跟你講了多少次，他們不是好學生，就不要跟他們玩嘛！」當這些話又再度出現時，我想，孩子的心靈鐵門又將拉下。

6. **自問自答解決法**：當孩子心情比較平靜時，建議你可與孩子討論，對於孩子在學校經常受到欺負一事，可以嘗試與孩子腦力激盪，當下次又遇到同學欺負、嘲笑時，自己可以選擇什麼樣的方式面對。

7. **安心承諾保證丸**：當孩子和你分享在學校被欺負一事，建議你，最後給予孩子一個較為安心承諾的保證，例如告訴孩子：「關於同學不斷嘲笑你的事情，爸爸會把這個訊息讓你的老師知道，你放心，我們大人一定會想出最好的解決方式。」

免於恐懼是所有孩子的基本權利，反欺負、反霸凌，需要我們大人立即行動。

是誰偷走我的聲音？

被視為安靜的乖小孩，對於在班上需要開口說話這件事感到焦慮、擔心或害怕，但一回到家卻話匣子一開，嘰嘰喳喳停不下來。

選擇性緘默，反映著這群孩子在能說卻不敢說、不願意說的背後，有著許多不能承受之重。

「小昀，你放輕鬆一點，這題不難的，你一定知道答案，試著說說看。」

「老師，你幹嘛每次都要叫她，她又不說話，叫了也沒用。」

「對啦！對啦！換別人說啦！每次都浪費上課時間，討厭。」

「老師，小昀都不說，這樣不公平啦！我們這一組要換人，每次都被扣分，不要叫她啦！」同學已經開始不耐煩地抱怨。

「你不要老是愛欺負她，沒看小昀眼睛都不敢看著你，緊張到不敢說話，沉默得像一隻受驚嚇的小白兔。」

「小白兔！小白兔！小白兔！」同學已經噗哧地在底下偷笑。

老師一臉狐疑，想著：我知道班上愛說話、調皮搗蛋、說不聽、動來動去的孩子是讓人困擾，但怎麼連安靜到不說話的同學也讓我頭痛？還是像同學講的，不要叫她好了？重點是，小昀的媽媽還不以為然地笑說：「是老師你上課太嚴格、太兇、不笑啦！不說話？騙誰？在家裡可是話說個不停，每次都還吵到被她爸爸警告安靜一點。」這到底是怎麼一回事？

座位上的小昀臉部表情僵硬，不斷用手捲弄頭髮、抓臉頰，眼神四處飄移，時而咬衣袖、摳弄手指，時而拉扯衣角。

她喃喃自語說著：「我討厭他們在教室裡認為我就是一副安靜、沒有意見的模樣。有誰知道，我多麼希望能夠輕鬆自在說話，像在家裡一樣。當我不說話時，他們疑惑、不耐煩看著我的眼睛及竊竊私語的樣子，讓我在教室裡真的好想找個地洞鑽下去。」

是誰偷走小昀的聲音？這些年在校園心理諮商服務中，有時我會遇見一些老師轉介出類似上述的孩子，有些老師甚至以年、以學期或以月來計算她不說話的時間。這些被視為安靜的乖小孩，對於在班上需要開口說話這件事感到焦慮、擔心或害怕，但一回到家卻話匣子一開，嘰嘰喳喳停不下來。

選擇性緘默，反映著這群孩子在能說卻不敢說、不願意說的背後，有著許多不能承受之重。他們總是容易在需要開口說話的校園情境裡出現焦慮與適應的問題，進而傾向逃避、退縮、畏懼，最後選擇保持緘默。

✰ 以下十一點供你參考，期待能解決孩子的困境。

1. **開口說話歸自然**：在班上，如果你是老師，記得千萬急不得要孩子開口大聲說話。如果孩子在班上突然發出一些聲音，說了一些話，記得先高興在心裡就可以。讓說話這回事回歸到自然，千萬不要過度反應。

建議你，透過聯絡簿，或以電話告知父母孩子在學校開口這件事，對於說話的肯定與獎勵就留到家裡由父母回應。

2. **刻板印象請留步**：很多時候，班上同學總認為選擇性緘默的同學不會說話，不能說話，因為沒聽過她的聲音，自然而然也放棄想聽她所說的話。同樣地，選擇性緘默的孩子也常自認班上同學認定她不會說話，而漸漸不願開口說話。

在班上，謹慎留意同儕是否對她的緘默行為給予標籤印象，以預防孩子降低開口說話的動機。

3. **說話情境需設計**：雖然，在班上不需要過度聚焦在開口說話這件事，但老師仍然需要刻意設計與開口說話相關的課程，無論是全班朗讀或背誦。

當想要在班上進行與開口說話有關的活動，建議可採系統減敏感的方式。逐漸從全班朗讀、整排在座位上朗讀、整組至台上朗讀、逐漸減少人數，甚至最後只剩她一人進行朗讀，如果她在前面這些階段已經願意開口朗讀。

4. **察言觀色變指標**：在班上，請留意她的說話反應，無論是微動嘴型、音量強弱、詞彙長短，或非語言的眼神注視、表情鬆緊、動作反應等，這些都是重要的觀察指標，用來判斷孩子緘默的改善程度。

5. **製造微笑催化劑**：發揮你的幽默感，試著對全班說說笑話，看看她是否也能夠開口微笑。如果笑話行不通，選些喜劇或好笑的短片（這部分請充分利用YouTube資源），或許也能夠催化孩子開口微笑這件事。

6. **形成親密人際圈**：試著觀察她在班上較願意接近及互動的同學，選擇這些小朋友擔任小天使，並從中建立孩子在班上較自在的人際圈，雖然初期她很有可能仍保持緘默、不說話，但請耐心等候。

7. **選擇優勢啟動力**：班級活動的選擇可優先從非語言，或她所具優勢能力的活動做起，例如是否能自在在班上參與繪畫課、游泳課或律動課。先讓她願意參與，並從中感到有能力，進而對自己的焦慮情緒能有所控制。

8. **封閉興趣開始問**：與選擇性緘默孩子對談時，建議可先從封閉式或選擇式的問答開始切入，另可從孩子所感興趣的話題著手，或請其簡單敘述遊戲規則等，讓其在有把握的說話情境下提升開口說話的動機。

9. **傾聽同理幫她說**：主動幫孩子將內在想法及感覺說出來，例如，「老師知道你很想跟同學說說話，但說話這件事似乎會讓你感到很不自在」或「我感覺到你很焦慮，當你需要在全班面前大聲地回答老師的問題時」。

10. **繪本日記畫心情**：你可以選擇適當的繪本內容，例如與沉默、害羞、焦慮、適應等有關的主題，透過閱讀及解說的方式，讓孩子從中感受自己與繪本角色的關係。

或鼓勵孩子透過書寫小日記的方式，讓她將在學校的心情記錄下來，或以繪畫塗鴉的方式，透過不同的色彩或內容，表達出自己的情緒與感受。

11. **編寫故事做主角**：協助孩子以編寫故事的方式，以自己（緘默不說話的小女孩）或擬人化動物（焦慮害羞的小白兔）作為主角，透過角色的對話及情節的鋪陳，將情緒反應投射在故事內容上，同時可以自由編寫故事結局或多種版本的結局。

我的不動王子與公主

我常常在演講中分享一件事，假如孩子兩歲叫不動，那麼三歲就更困難。如果大班拿他沒辦法，那麼小學就更難說動他。同樣地，小學一、二年級就不順從，那就更難想像國中到底會變成什麼樣。

「奇怪，現在的孩子怎麼都叫不動？自己該做的事，不做，連叫了、提醒了，也不做，難道什麼事情都要我這個做媽媽的親自動手做？這還得了，不把我累死才怪。」順仔的媽媽自我抱怨著。

「把課本收一收，書包整理、整理。順仔，你到底有沒有在聽？」無論媽媽把這句話，重複說了多少遍，順仔仍然若無其事繼續玩著他的楓之谷，這回等級已經從上星期的七十等，練到今天的一百一十等。

「順仔，你到底有沒有在聽我說話？叫你課本收一收，書包整理、整理。不做，就給我去刷牙、睡覺，你有沒有聽到？」這回擺放在客廳中的電腦，仍不時傳來楓之谷中，打怪所出現的聲音，順仔繼續練他的功，仍然不為所動。

「關掉！」爸爸從臥室走出來，語氣堅定、冷冷地說了這一句。

這時，順仔二話不說馬上離線，隨即將電腦關機，起身往浴室刷牙去。

「這簡直就是欺人太甚嘛！」媽媽不滿地抱怨：「我叫了十幾聲都不給我回應，你只要出來說句話，他就馬上行動，簡直就是吃定我這個做媽媽的，豈有此理！」

順仔其實心中很清楚，在這個家裡，老媽的話可以不理，但老爸的話還真的不得不聽。

倒不是老爸會揍人，而是老爸說到做到的個性，讓小五的順仔早就知道該如何因應。聰明一點，聽就對了，否則代價太高，說不定老爸還會來個直接斷線。

但老媽，好人一個，反正嘮叨歸嘮叨，不管說了多少次，反正愛理不理，老媽拿自己也沒辦法。這一點，順仔倒是挺有把握的。

像順仔媽媽這樣的例子，不論在演講的場合，或者諮商實務中，常常會有不知所措的父母詢問著該如何因應。

孩子不順從父母這一點，不僅單獨出現在媽媽身上，其實孩子不聽爸爸的例子也常有。

倒不是我們與孩子之間，總是要求他們要順從及配合，但有些事情，如果的確是孩子本身應該需要去動手做，但又叫不動，不願去做，這時對於孩子本身責任感的建立當然會是一道難題。

我常常在演講中分享一件事，假如孩子兩歲叫不動，那麼三歲就更困難。如果大班拿他沒辦法，那麼小學就更難說動他。同樣地，小學一、二年級就不順從，那就更難想像國中到底會變成什麼樣。

如果是在合理的要求範圍內，孩子是應該發展出該有的順從態度，除非他可以給你一個合理拒絕的理由。

☆ 分享下列十二點建議，讓你面對孩子的順從性能夠更有方向。

1. **從你最有把握的指令做起**：想想看，你認為符合孩子最簡單的指令是什麼，飯前洗手？收拾玩具？上床睡覺？關掉電視？這些指令是否是你認為最有把握的指令，如果是，那就先從這些指令開始。請記得，成功的經驗對你很重要。

2. **當沒有把握孩子會順從你的指令時，先不下達指令**：你會發現，有些孩子對於指令的配合往往有所謂的選擇性。如果你認為，當下的指令，孩子的順從度與配合度不高，這時指令建議暫時先不下達，以免孩子在不順從性方面又累積他的不配合點數。

3. **注意下達指令的順序**：你或許會納悶，孩子該做就是要做，哪能叫了都不做？沒錯，理想上是如此，但是這裡有一個基本的前提，就是你的指令能夠啟動孩子的行動。

如果你發現，當簡單的指令，例如要求孩子關掉電視，結果他都不願意配合，此時請勿下達難度更高或更複雜的指令，例如要求把功課寫完或到房間看書。寧可這些難度較高的指令，由家中另一半來下達。

4. **動作指令優先**：在選擇指令時，建議先以動作指令為優先，例如收拾東西、關掉電視等行為較為簡單、明確的為原則。

5. **一次一道指令**：想好指令後，建議你，一次只下達一道指令，且心裡要有百分之百的勝算能夠讓孩子順從。沒有百分百，至少勝算也要超過百分之五十一。

6. **使用直接、肯定的指令**：既然是下達指令，就應該避免使用疑問句，例如把玩具收起來好不好？可以把電視關掉嗎？當你以疑問句問孩子時，他是可以選擇拒絕你的要求的。

7. **指令應具體、明確**：在下達指令時，請記得人、事、時、地、物，應清楚表達，例如，「順仔，五分鐘內到書房，將桌上的課本全部放到書包內。」具體，讓孩子更可以看見你的果決。

8. **保持目光接觸**：在下達指令時，請讓自己與孩子保持視線接觸，避免在背後或隔著距離下達指令，例如在廚房一邊炒菜，一邊向在客廳看電視的順仔喊著：「順仔，把電視關掉，你有沒有聽到？」

9. **堅定的語氣**：當孩子出現拒絕、不予回應或漠視反應時，嘗試以堅定的語氣重複下達指令。如果孩子還是拒絕時，建議你逐漸加重語氣，強化你堅持的表情，請記得表情不要有太多的變化。

10. **維持一致的堅持**：當孩子還是拒絕，必要時，帶著他的手做，隨後再放手讓他重做一次，雖然這時他可能會有情緒反彈，但請維持你一致的堅持，同時嘮叨的話請不要出現。

過程中，盡量少說話，勿使用太多說道理、抱怨或威脅性的語氣及字眼。

11. **讓堅持如磐石**：提醒自己，讓自己的態度比孩子更堅持，如果你認為你的指令或要求合理。同時，你認為孩子的順從性真的需要被建立，如此的自我要求是有必要的努力。

12. **轉換成玩伴的角色**：當你發現，自己的指令真的無法順利下達給孩子，或許，你可以試著換個方式，與其叫不動，不如就先當孩子的玩伴，先陪他一起玩吧。

關係有了，他對於你的認同多了，配合度或許也就高了。

無尾熊的分離焦慮

在臨床上，孩子的分離焦慮是否能夠獲得適度改善，大人的執行力占著很關鍵的比例。

無助的媽媽右手搭著倚偎在身旁，並蜷縮著瘦弱身軀的嬌嬌，在無尾熊班的教室門口持續站著。

「嬌嬌，Nancy老師跟你說，今天教室裡有很多很多好玩的玩具喲！來，快一起來，快來和小朋友一起玩喲！小朋友都在等你喲！」無論Nancy老師如何苦口婆心地說著，嬌嬌仍然像無尾熊般黏著媽媽，一動也不動。

「嬌嬌，媽媽現在要回去了，爸爸車子在門口等我，你趕快和Nancy老師進教室，放學來接你的時候，媽媽再買你喜歡吃的蜂蜜蛋糕。」當媽媽試著用手欲將嬌嬌輕輕往前推向Nancy老師時，此時，嬌嬌開始放聲尖叫、大哭，同時更緊緊地抱著媽媽的身體不放。

莫可奈何的媽媽與Nancy老師實在不知道該怎麼辦，這樣難分難捨的場面，從嬌嬌一進小班的那一天就持續上演到現在。

車子停在托兒所門口的爸爸，眼看著上班的時間快來不及，開始有些按捺不住性子，急促地猛按起喇叭，叭！叭！叭！這刺耳的聲響讓媽媽更焦慮。

「媽媽，我看今天就乾脆讓嬌嬌請假回家算了，不然，她一直這樣哭也不是辦法，班上還有許多小朋友要照顧。」Nancy老師有些無奈地向媽媽建議。

媽媽一直很難拿捏是否要把嬌嬌帶回，因為她知道如果這麼做，那麼明天孩子會更難離開自己，順利地走進學校，一切都會沒完沒了。

嬌嬌從一出生就二十四小時在保母家全天候照顧，爸媽有時會抽空去看她，一直到快兩歲才把她接回來，由媽媽自己全職帶。

媽媽回想，嬌嬌在回家後，這段照顧期間，每當自己需要外出，改由阿嬤在家陪伴時，嬌嬌就常激動地哭鬧，阿嬤常反應孩子在家很焦慮、不安。

當媽媽一回到家要擁抱嬌嬌時，她會明顯地用小小的拳頭，生氣地敲打媽媽。

媽媽能夠感受到嬌嬌對於她離開的怒氣，且情緒一時很難被安撫，但卻也發現她其實很期待媽媽能夠抱抱自己。

實務上，常發現有些孩子經歷著分離焦慮，特別是剛進入幼托園所的時候，總是讓父母相當困擾。

在面對分離焦慮的同時，孩子的依附關係發展是另一個必須要有的概念。依附關係是孩子在這個世界上，最早與他人發展與建立的情感之一，通常主要的依附對象是來自母親或保母等主要照顧者，同時在彼此間建立正向的情感聯結。

當孩子的依附關係發展順利時，你會發現孩子會主動去探索周遭的環境，在信任感存在的當下，孩子能夠適時離開媽媽或保母的視線，而與其他大人進行互動。然而對於有些抗拒型依附關係的孩子，則容易在與主要照顧者分離時，出現顯著的焦慮。

在臨床上，孩子的分離焦慮是否能夠獲得適度改善，大人的執行力占著很關鍵的比例。

✰ 以下五點建議，試著與你一起克服孩子的分離焦慮。

1. 訂出焦慮階梯表：焦慮，對於孩子而言，有時是一種本身很模糊，不知自己明確在焦慮、擔心什麼，但感受卻相當深刻的一種情緒反應。在協助孩子處理分離焦慮這件事之前，建議你，先試著為孩子的模糊焦慮清楚地劃分出像階梯一樣的等級，先訂出孩子的焦慮階梯表。

焦慮階梯表就像爬樓梯一般，一階一階，從孩子最不感焦慮爬升至最焦慮的情境。焦慮階梯表的設定，從最不感到焦慮（a）至最焦慮（g）。例如（a）媽媽進教室陪讀，並坐在孩子旁邊。（b）媽媽進教室陪讀，但坐在教室後。（c）媽媽到校陪讀，但僅在走廊上觀看。（d）媽媽送至教室門口即離開。（e）媽媽送至走廊樓梯口，孩子自行上樓進教室。（f）媽媽送至校門口，孩子自行進教室。（g）在安全及孩子能力範圍內，讓孩子自行上學。

2. **系統減敏感原則**：焦慮階梯的內容設定，以系統減敏感為原則，也就是有系統地，從孩子最不感到焦慮的（a）媽媽進教室陪讀，並坐在孩子旁邊。逐漸延伸至焦慮略多的（b）媽媽進教室陪讀，但坐在教室後。以此類推，讓孩子在與主要照顧者的分離上，有系統地減緩對於分離的敏感性與焦慮程度。隨著時間及孩子焦慮情緒舒緩的狀況，逐漸提升焦慮階梯表的練習階段。

3. **覺察焦慮反應**：每一階段的焦慮階梯練習，所需要的時間不盡相同，主要是在過程中，必須仔細察覺孩子在該情境中的焦慮反應與變化。例如，當進行（d）媽媽送至教室門口即離開，這一段練習時，嬌嬌的焦慮反應又明顯呈現出來，甚至於馬上又衝至教室門口想要和媽媽回家。此時，可將等級再退回到（c）媽媽到校陪讀，但僅在走廊上觀看。同時，在（c）的階段，再持續適應一段時間，或許一週或兩週。

4. **注意力轉移**：由於孩子在每個分離的階段，持續需要經驗分離所帶來的焦慮，為了使這些焦慮情緒能夠適時被舒緩，在每個階段中，建議你可與園所老師溝通，讓孩子在過程中，能夠經驗到一些好的感覺。這些好感覺，可透過注意力轉移的方式，例如讓孩子攜帶心愛的寶貝泰迪熊，或在教室裡播放孩子喜歡的巧虎或YOYO兒歌帶動唱，讓分離的焦慮情緒獲得舒緩與轉移。

5. **加入其他元素**：為減緩孩子的焦慮，過程中可加入其他元素，例如媽媽未出現時，階段性由熟悉的老師或小朋友陪同進教室，或讓孩子攜帶熟悉的物品或玩具上學，以提升安全感。到校時，先不給予過度要求，改以讓孩子放鬆的活動或課程開始。

當先前無法順利分離的對象為母親時，陪讀的對象可調整為其他人，例如爸爸、爺爺、奶奶等。適時給予孩子保證，例如，「媽媽今天都在家，下午四點會準時來校門口接你回去。」

之二

同理孩子的心，成長的路會更開闊

親子鬥牛賽，堅持與妥協之爭

這場親子的堅持鬥牛賽，誰輸誰贏就看雙方誰出的牌比較少（意思就是說：話少，別太囉嗦），誰夠堅持（意思就是說：持續說同樣一句話，態度堅定），當然誰就贏得這場賽局。

「可樂！可樂！我要可樂！媽媽，我要可樂！給我可樂！快點！快點！」兩歲半的阿固吵著媽媽要喝可樂。

「小朋友喝什麼可樂？這是大人喝的，你喝開水就好。」媽媽試著想要轉變阿固的需求，但事與願違。

阿固拉高音調，繼續叫喊著：「可樂！可樂！我要可樂！媽媽，我要可樂！給我可樂！快點！快點！」媽媽幾乎快招架不住，這句話，像是ＣＤ倒帶，一模一樣地從阿固的嘴巴脫口而出。媽媽心想，這孩子簡直就像他的名字一樣固執。

給？不給？媽媽心裡掙扎著：「不給他喝可樂，一直叫叫叫，真的是吵死了，鄰居還會以為家裡發生什麼事。給他喝，自己心中又不甘願，小孩子喝什麼可樂嘛？更何況還只有兩歲半！」

「都是這個爸爸，平時說什麼，喝可樂會讓自己很放鬆，邊喝還邊露出一副心滿意足的陶醉樣，難怪把阿固想喝的慾望都給他撥弄起來，真是壞榜樣！」媽媽心裡不斷嘀咕著。

阿固的拗與堅持，似乎不只是發生在家裡，媽媽發現阿固最近開始學會「路倒」，只要想要的東西沒要到，一律二話不說地朝地上躺下去。同時，媽媽發現阿固在倒地時，會很有技巧地迴避尖銳物，並且通常都是屁股先落地，頭再慢慢往地上碰觸。

「真是可惡！竟然給我來這一招！」媽媽心裡有些不平地抱怨：「這小孩真是精得很、賊得很，每次都是挑在人多的地方做這件事，簡直是吃定我這個做媽媽的。」

每回當阿固在公共場所上演這齣戲碼時，媽媽總是立即羞紅著臉，無地自容，尷尬地想挖個洞鑽進去。當然，結果就是妥協、再妥協。

上述的畫面，你應該相當熟悉（請盡量發揮你的想像力，及模擬體驗一下孩子的尖叫音量，分貝不斷放大、放大、放大，甚至於破表）。無論是出現在你家中，或是在大街小巷上演，無論是「我要冰淇淋！我要冰淇淋！我要冰淇淋！」，或是「我要喝可樂！我要喝可樂！我要喝可樂！」（請隨著驚嘆號！的數量逐漸自行想像，放大孩子的音量，愈來愈大聲，愈來愈大聲……）

這類孩子往往精明得很，他總是挑你最忙的時候，眾人最多的時候向你進行索求。

對孩子來說，這種生意穩賺不賠。在你忙得不可開交時，在你處於眾人面前尷尬時，他太有自信你一定會妥協，頂多你多補了一句：「只有這一次，下次就沒有了。」

對於孩子來說，眼前的這一次先吃了再說，先喝了再講，贏一次算一次。

☆ 當孩子再次向你發出鬥牛的邀請函，你究竟該怎麼辦？

1. **優先確認是否免談**：首先，請你先確認對於孩子的要求，是否吃了秤砣鐵了心，不給就是不給，「冰淇淋免談」、「可樂免談」。你的立場要先確定，因為這牽涉到你的堅持能夠撐多久。

2. **事先設想孩子的反應**：這麼做的好處，是先讓你自己有心理準備，把孩子可能出現的固執反應先在心裡上演一遍，無論是哭鬧的基本功、催吐的加強版，或向後倒地的進階版。有畫面，對你的情緒衝擊會小一些。

3. **效法孩子的堅持**：當這場親子鬥牛賽尚未開打時，你心中的教練必須不時提醒你，試著比孩子更堅持。當孩子開始開口要的時候，這時比數已經是一比零，他已經胸有成竹地等待你可能的回應。

4. **否定的話別多說**：沒錯，在面對這場山雨欲來的親子鬥牛賽，一開始有提醒你，請事先確認對於孩子的要求是否免談。

這個免談的態度，主要是在於清楚設定自己的底線，但倒不是說，在互動過程中，你要一直開口閉口說：「沒有、不可以、別想、不行」等拒絕的話。要說，可以，但請一次就好。

請記得，太多的拒絕語句，總是容易讓孩子的情緒不斷地在負向漩渦裡攪拌、失控、無法脫困。

5. **讓孩子選擇**：當你確認不想順著孩子的索求，而想改變他的態度時，試著以選擇的方式讓孩子做決定。

這裡的選項，主要由你來決定，並清楚地讓孩子瞭解你的立場，同時透過由他在選項中做決定，以降低孩子需求未獲滿足時，可能衍生的負向情緒反應。例如，當阿固尖叫：「我要喝可樂！」此時，你可以孩子聽得懂的方式，冷靜回應：「開水、果汁選一個！」

當阿固再次放大音量尖叫：「我要喝可樂！我要喝可樂！」請保持你單純的堅持，再次冷靜地回應：「開水、果汁選一個！」

6. 別用詢問句：請記得，同樣是讓孩子做選擇，你的表達方式將會決定孩子如何認定彼此的關係，至少在索求這件事。例如，當你問阿固：「開水，好不好？」「不要！」「果汁，好不好？」「不要！」這時多少可以確定阿固會以「不要」來回應你。當你這麼問，孩子是可以拒絕你的建議。

7. 請說同一句話：這場親子的堅持鬥牛賽，誰輸誰贏就看雙方誰出的牌比較少（意思就是說：話少，別太囉嗦），誰夠堅持（意思就是說：持續說同樣一句話，態度堅定），當然誰就贏得這場賽局。

為什麼孩子在索求的過程中總是勝券在握，與你交手必贏？請仔細觀察，孩子從頭到尾都是在說同一句話。說同一句話，強化自己的需求，說同一句話，讓你必須隨之起舞，改變態度，釋放出各種可能性。

8. 附記：這場賽局，如果要讓孩子在過程中少一點生氣，再次提醒你別以「沒有」、「不能」直接否定孩子。例如，當你多加了一句話，「沒有可樂！果汁、開水選一個！」這場鬥牛賽可是會多出許多不必要的火藥味。

孩子生氣，你生氣；孩子再氣，你更生氣。

發現自信ＯＫ繃

你是否發現，自己對孩子好表現的保存期限通常較短，鼓勵、讚美一番後可能隔天就消失、淡忘？

相對地，孩子不理想的表現，例如考試不及格則常常被放著防腐劑，你三不五時就提及？

「阿強，你可別這麼垂頭喪氣嘛！媽媽知道你很拚的，特別是在數學，這回段考一定會有好成績的，對自己要有信心。」媽媽雖然努力想辦法給阿強打氣，但是阿強仍嘟著嘴，無論媽媽怎麼說他厲害，他還是覺得媽媽在開玩笑。

「反正，我就是很菜啦！我哪有什麼厲害的地方，你不要取笑我了，我又不像哥哥那麼強，去年基測ＰＲ值那麼高，我是一場糊塗啦！」阿強面對下個星期的段考，有些自憐自哀地嘆氣：「這回我們班一定都很拚，我看排名一定會像溜滑梯一樣溜下去。」

媽媽知道阿強其實不僅在學科表現能力不賴，其實在社團活動上的表現也很亮眼，單單陶笛比賽的獎狀積放在抽屜裡就有好幾張，但阿強總是消極地認為：「會吹陶笛有什麼用？每個人都嘛會吹。」「那是運氣好啦！厲害的都沒參加，我才能拿到這些獎，又不是我多會吹。」

爸爸很納悶，阿強這個孩子，為什麼對自己這麼沒自信。「我不知道跟他講了多少遍，如果他可以像哥哥一樣再努力一些，成績說不定會一樣的好，以後要選填學校的機會也比較多嘛！」

媽媽對爸爸噓了一聲：「你不要老是愛比較嘛！每次這麼一說，阿強的臉就垮下來，就覺得自己很沒用。」媽媽對於阿強的沒自信仍然感到心疼。

你是否發現，自己對孩子好表現的保存期限通常較短，鼓勵、讚美一番後可能隔天就消失、淡忘。相對地，孩子不理想的表現，例如考試不及格則常常被放著防腐劑，你三不五時就提及，例如，「你再不努力一點，小心就像上學期一樣，數學不及格。」迫使孩子對自己的注意力及能力印象常常停留在這些較差的表現上，而對自己的能力產生懷疑、失去信心。

你是否也發現，孩子在看待周遭的事物時，總是存在著負向的解釋？這就好像戴著沾滿灰塵的眼鏡，放眼看東西或看自己，老是覺得不滿意、不對勁。

培養孩子的樂觀與自信，試著先從孩子如何看待事物開始，進而調整存在他心裡面，有如蟑螂般的負向思考，並習慣看見自己的優勢與美好。

☆ 以下十點小叮嚀，讓孩子發現自己的ＯＫ繃，讓樂觀與自信一起雙效浮現。

1. **自動化想法**：什麼是自動化？當一個刺激出現時，孩子能不能立即覺察到自己聯想到什麼，例如當阿強一聽到數學段考，他馬上想到什麼？例如是正向的：「這回，終於輪到我展現實力的時候了。」還是負向的：「唉！反正這回一定是不及格啦！準備也沒用。」

引導孩子練習寫下來，並判斷這些想法合不合理。

2. 觀點PK賽：為什麼一聽到數學段考，孩子就覺得一定考不好？試著與孩子討論、比較你與他的想法。讓他知道，不同想法的選擇，可能存在不同的意義，特別是對於自己能力的肯定。

3. 想法逆轉勝：學習樂觀，有時是需要翻轉一下自己的負向思考。和孩子一起練習，當出現對自己不利的想法時，如何把念頭倒轉過來，說說對自己有利、能帶來正向的話，例如當阿強說：「這回老師一定考得很難，我看我完蛋了。」試著把這些想法翻轉成：「這回老師雖然考得很難，但在基測前，事先操槍演練一番，說不定比別人更有戰鬥力。」

4. 好話堆倉庫：建議你，平時多與孩子一起在繪本、文章或影片對白裡找找好話，放在自己的思考倉庫裡，時常提醒自己多讓這些好話派上用場。

5. **事物多美好**：試著一起與孩子對著周遭所見所聞的事物，多說幾句讚美的好話。

看見事物的美好亮點，會是一個好的習慣。有時多以正向的眼光看事物，總是容易也進一步以正向的態度看自己。

6. **同步正向看**：當我們習慣看待孩子擁有的能力，總是聚焦在孩子正向的表現，那麼你應該就可以試著放心，孩子也會傾向以如此的角度看待自己與周遭事物。我們怎麼想，孩子就怎麼看。

7. **優勢哪裡找？**家中如有兄弟姊妹時，或許來一場「尋找優勢活動」，鼓勵孩子彼此練習找出對方的具體優點，並大方地向對方說出來。

讓孩子學習彼此看到對方的優點，及練習將注意力專注在較為正面的事物上。

8. **優勢浮現島**：每個孩子都有屬於自己相對優勢的能力，試著讓孩子看見他自己擅長的表現、集滿點數的興趣與熱情的所在，及解決問題的過程與能力。將孩子好的表現視覺化，例如平時可將他所完成的任何作品、比賽的獎狀、完成的評量、專心吹陶笛等模樣一一以數位相機拍下再列印輸出，貼在孩子的房間、書房或家中醒目的牆壁上，不然，用電腦數位照片自動播放也是一樣。

平時可與孩子逐一閱覽牆上，或電腦螢幕上這些他所完成的任何事物，讓他逐漸累積自己有能力的感覺，從中不斷肯定自己努力與表現，並對自己產生好的感覺。

9. **聚焦在過程**：當與孩子一同回顧自己的優勢表現時，與其將注意力擺放在結果上，倒不如將重點集中在孩子表現的過程。

當讚美孩子時，建議以具體的人、事、時、地、物回應孩子，例如，「你好棒耶，媽媽發現，上午你在解數學第三單元評量時，都好認真地逐字讀題，而且至少都驗算兩遍以上耶。」

10.搭成功舞台：每個孩子只要放在對的地方，他就有機會發光發亮。

你可以試著給孩子展現能力的機會，如何找出屬於孩子的舞台？或許從他主動去接觸的事物開始，細心觀察是探究孩子能力與特質的一道基本功。試著舉球，讓孩子殺，在扣球破網的那一剎那，孩子的自信也應聲而起。

椅子上的冷靜時光，當孩子調皮搗蛋

當孩子調皮搗蛋，或玩過頭時，特別是對於學齡前幼兒總是講不聽，似乎怎麼做，對於孩子來說都是隔靴搔癢般，起不了作用。

實務經驗發現，暫時隔離法（time out）藉由孩子在椅子上的冷靜，讓他們可以在脫下情緒的激躁後，更清楚地看見自己的行為。

「皮皮，你給我到旁邊罰站！講都講不聽，跟你說了多少遍，叫你不能打妹妹，你竟然還動手把妹妹的頭給敲下去？」媽媽左手扠著腰，伸出右手的食指，對著大班的皮皮命令著。

皮皮悻悻然地走到牆角，但沒多久就自顧自地玩起窗簾來。

「天啊！你在幹嘛？是誰教你撕繪本？這可是圖書館借來的耶！你怎麼這麼講不聽，把書撕破了，叫我怎麼還？你真的很不懂事耶，都念到大班了，老師是都沒教是不是？你看你，你妹妹都不會這樣做，你這個做哥哥是怎麼當的？每次都這樣，教也教不會。這次撕書，上回拆玩具，之前還把玻璃杯打破，你到底想幹嘛？」媽媽叨叨絮絮著，但只見皮皮仍然一副事不關己的模樣，媽媽愈念，他卻對著妹妹扮鬼臉，搞得媽媽火氣更上升。

媽媽對著皮皮大聲斥喝著：「你給我進房間，可惡，講都講不聽？叫你不要玩水族箱的水，竟然還直接把手伸進去撈魚？弄得滿身濕答答的，滿地都是水，誰來拖地？」

皮皮低著頭走進房間，但沒多久，房裡傳來妹妹的告狀聲：「媽媽，哥哥把枕頭都丟在地上，在床上跳來跳去！」

「玩具給我收一收，沒收，下次你就不要玩，聽到沒？」皮皮在遊戲間，拿起迴力車，像手榴彈一樣，一輛一輛往墊子上丟去。

媽媽實在無法忍受皮皮這麼做：「你有沒有聽到？把迴力車收一收，不收，你下次就不要再玩，以後我不會再買給你。」眼見皮皮一點反應都沒，媽媽只好邊念，邊低頭收。

媽媽一直很納悶，人家不是說，愈長大，應該愈懂事才對嗎？怎麼皮皮還是像皮蛋一個，老是出狀況？我看真的是小名取錯了，皮皮，果然還真是皮。

無論在演講的場合，或親職諮詢的現場，時常遇見像皮皮的媽媽一樣困擾的家長。當孩子調皮搗蛋，或玩過頭時，特別是對於學齡前幼兒總是講不聽，似乎怎麼做，對於孩子來說都是隔靴搔癢般，起不了作用。

以下和你分享一項行為處理的技術——暫時隔離法（time out）。這方法，我有時會運用在學齡前的幼兒，特別是當孩子出現調皮搗蛋、故意或無理取鬧，甚至可控制但卻不願意做的負向行為反應時。

暫時隔離法藉由孩子在椅子上的冷靜，讓他們可以在脫下情緒的激躁後，更清楚地看見自己的行為。實務經驗發現，這方法很適合運用在學齡前幼兒，但隨著年齡愈大，執行效果將愈遞減。

☆ **以下十二點建議，讓你推開門，走進暫時隔離法的執行步驟。**

1. **基本原則**：在安全的前提下，讓孩子愈無聊愈好。

2. **鎖定目標**：請事先選定一項目標行為，以作為執行暫時隔離法的具體對象，例如孩子出現尖叫、吐口水、摔東西或攻擊行為等。

3. **快、狠、準**：隨時留意目標行為的出現，當該行為一出現時，請立即執行暫時隔離法，啟動在椅子上的冷靜時光，讓孩子熟悉大人的堅持度與一致性。

4. **挑選好椅子**：請事先選好，欲進行暫時隔離的椅子或空間。椅子選擇的學問，在本文末會提及。

5. **遊戲規則**：以孩子聽得懂的話，事先告訴他，在什麼情況下會被執行暫時隔離法，就像變成聖誕樹或大石頭，靜靜地坐著，不能動。

6. **最少刺激**：在執行暫時隔離法時，應避免出現太多的口語或講道理，請以簡潔、明確的因果關係進行聯結，例如尖叫、靜坐。

7. **預期反應**：在執行初期，你要有預期的心理準備，孩子一開始常容易出現抗拒、生氣、哭鬧、尖叫、反抗、攻擊、逃跑、吐口水、躺地上或沮喪等反應。

8. **保持冷靜恆溫**：此時，大人應採取冷處理方式，除堅持孩子必須屁股坐在冷靜的椅子上之外，請以堅定、冷靜的眼神、表情與態度正視著孩子，等待他激烈的情緒及行為反應緩和下來，避免讓孩子的表現影響自己的情緒。

9. **冷靜持續時間**：暫時隔離法的執行時間，依孩子的年齡而有所不同的考量。建議以心智年齡為參考，原則上，每一歲增加一分鐘，例如四歲四分鐘、五歲五分鐘。

整個隔離時間的計算，以孩子開始坐在椅子上，同時無其他反彈情緒或抗拒行為出現時，才開始計時。

10. **離開視線**：過程中，如果你發現孩子已漸漸能夠配合，此時，大人可以逐漸轉移對他的注視，選擇離開孩子。這時，你要有把握，雖然孩子看不到你，但他還是會安靜地坐在椅子上。

11. **探詢為何而坐**：當冷靜地坐在椅子上的時間結束之後，你可以向孩子詢問「為什麼你現在會坐在這裡？」讓孩子有機會練習覺察自己的負向行為，與行為後果之間的關係。

12. **繼續未完成的事**：請記得，原先孩子該進行的活動或任務，例如收拾玩具或把地板擦乾淨等，在暫時隔離法進行結束後，一樣必須要求他完成。

前文提到，在執行暫時隔離法時，椅子的選擇是一項學問，以下六點叮嚀請參考。

1.你可以選擇花色很單純的椅子，讓孩子坐在上面感受到專注。

2.你可以選擇圖案很活潑的椅子，這樣的椅子適合年齡較小的幼兒，且平時無理取鬧發脾氣的機率不大時。

3.有扶手的椅子，讓孩子至少情緒感到安定。

4.有高靠背的椅子也是一種考量。

5.無靠背的椅子，在使用上你可能就需要注意，特別是當孩子情緒激動時，請留意不要讓他向後倒。

6.不建議選擇像木馬的搖搖椅，因為晃動的椅子容易使孩子在執行期間，不當一回事。

動動腦，或許你可以自行設計屬於孩子的一張冷靜椅，當然，你並不期待他時常坐上去。

讓黑夜變美麗

怕黑或怕一個人是許多孩子在發展過程中，容易出現的現象。你是否也曾經如此？而能有所同理、同感。

「媽媽，燈打開、燈打開，我會怕。不要關燈、不要關燈，我會怕黑啦！」睡前小光用力哭喊著。

「小光，現在要睡覺了，有開小夜燈啊！燈太亮，不好睡覺啦！」媽媽試著安撫著小光，但他卻依然堅持著：「燈打開、燈打開，我會睡不著。太暗了，我會怕！」

媽媽耐不住小光的要求，將臥室的燈幾乎打得全亮的情況下，小光也折騰好久，好不容易淺淺地闔上眼睛似乎睡著。

媽媽從床上輕輕地起身，深怕吵到好不容易入睡的孩子，但正當要走出房門時，小光卻突然大聲哭叫著：「媽媽陪我、媽媽陪我，我不要一個人睡，我不要自己睡，我會怕、我會怕。」媽媽無奈地只好繼續陪著小光睡覺。

「爸爸，都是你害的，叫你不要那麼喜歡租恐怖片、鬼片、一些怪力亂神的片回家，就是不聽。一下子是吸血鬼、一下子又是什麼泰國恐怖片、日本鬼片什麼的，連小光都跟著你看。你竟然還敢打包票說：『哎呀！不用擔心啦！』什麼不擔心？你沒看小光現在都怕成那樣。」媽媽向爸爸抱怨著。

爸媽對於小光怕黑及不敢一個人獨處這件事深深感到苦惱，外公、外婆直覺認為小光一定是遇到什麼不乾淨的東西，才會膽子這麼小，對黑這麼地懼怕。

媽媽甚至聽從了他們倆的建議帶小光至行天宮附近收驚，但狀況似乎完全沒有改善。每次只要天一黑，或房間燈轉暗，小光的恐懼又開始浮現，讓夫妻倆不知如何是好。

身為家中獨子的小光，從小原本和爸媽在同一個房間睡覺，但為了訓練已經讀三年級的小光的獨立性，爸媽上個月決定讓他自己睡一間，但問題來了，原本從小就一直怕黑、怕暗的小光，這回變得更怕一個人在房間，連假日的大白天也是如此，對於爸媽的依賴性變得更加明顯。

怕黑或怕一個人是許多孩子在發展過程中，容易出現的現象。你是否也曾經如此？而能有所同理、同感。

✫ 為使孩子對於黑或一個人獨處能夠維持適當的反應，我在這裡分享下列六點建議，提供給你參考，試著讓黑夜變美麗，讓孩子對黑暗產生好感。

1. **讓黑變得有意思：**為降低孩子對於黑的過度負向注意，建議父母可以嘗試透過遊戲或活動，將黑與孩子的愉快經驗做聯結，例如一起和孩子在房間關起燈，玩手電筒的照亮遊戲，在一關一開間，透過燈光及身影的變化，讓孩子逐漸適應黑暗這回事。

你也可以與孩子一起躲在棉被裡，試著向他說一段輕鬆的故事，讓孩子感受到就像在野外的帳篷露營一般。同時，透著微弱的光，看著薄薄的棉被上的圖案或花色，就像身處在夜晚的花叢中。

當然你也可以與孩子來玩一場躲貓貓，透過捉迷藏的經典遊戲，讓孩子在過程中逐漸適應黑暗，及一個人的躲藏。

2. 勇氣號夜行列車：讓孩子有選擇一個人面對黑暗的機會，並因此獲得應有的勇氣獎勵。

提供孩子二選一的機會，一是自己幫父母獨自走到黑暗的房間拿東西，此時做為勇氣號夜行列車的正駕駛，獎勵多一些。另外是由父母陪伴前往，但做為副駕駛，獎勵少一點。二選一，讓孩子在勇氣與獎勵之間，自己做決定。

重賞之下必有勇夫，有時大大的獎勵，可以轉移孩子原先對於黑暗，或只有自己一個人的注意力。

透過超強的誘因，讓孩子在行動中，增加成功的機會。這倒不是征服黑暗，而是轉為與黑暗和樂共處。

當然，請記得，重賞只是一個階段性的過程，如同其他行為訓練中，有效運用獎勵這件事，隨著練習的時間與次數，最後獎勵的部分將慢慢遞減。

3.夜晚的美麗星空：讓孩子想像自己是星星，父母是月亮，彼此在夜空中盡情地享受聊天的樂趣。透過擁抱、搭肩、輕撫、手牽手等細膩肢體互動，讓親子一起躺在床上，適時微調光亮明暗，讓孩子的心在父母溫暖的臂彎中能夠更為安定。

讓孩子知道，夜晚能夠帶來美麗的星空，也因為在黑暗中，讓親子間彼此多了這一段愉快的談心時間。

4.黑暗誕生進行式：試著讓孩子在日常生活中，能夠經歷天色漸漸由亮轉暗的體驗，例如外出用餐、逛街、遊玩或散步時，選擇從下午跨過傍晚到晚上，例如四點到七點之間。讓孩子感受從白日到太陽下山、打卡回家後，換成月亮刷卡掛在夜空上班的過程。

在這天色漸漸轉暗當中，請持續與孩子一起進行愉悅的親子活動，讓孩子瞭解黑暗是一種非常自然的變化。

5.漸進式的離開視線：當陪伴孩子做功課或玩遊戲時，建議你採漸進方式，自然及自在地，在視線裡外，來來去去。

不要過度向孩子強調「一個人」或「不要怕黑」等字眼，有時過度強調或提醒，反而讓孩子愈容易將注意力聚焦在上面，愈想愈擔心。

當孩子對於你的離開無明顯反應時，此時，你可以逐漸延長孩子的獨處時間。

6.黑暗恐怖幕後花絮：有時孩子不適當地接觸了太多的恐怖片、鬼片或驚悚片等，而造成在觀影過程中，這些畫面就很容易與所形成的強烈負向恐懼、害怕的情緒經驗強力聯結在一起。

為讓孩子能夠瞭解現實與想像的差異，也就是說，他長期所觀看的影片，其實是演出來的，有些是道具做出來的，當然也就是假的，如同有些ＤＶＤ影片所提供的幕後花絮般，讓你能夠瞭解影片是如何拍攝的。

透過對於這些恐怖片的解構，或許，多少也能夠重新調整，或改變孩子先前所認定的恐怖畫面，而輕鬆、舒緩一下，對於黑暗或一個人就不是那麼在意了。

讓髒話已成往事

「孩子什麼時候開口說髒話？」有時許多父母會開始這麼想著，不可能啊！我們家裡沒有人說髒話啊！他到底是從哪裡學來的？

「屁啦！你懂什麼，我看！你真的很肉腳耶，豬頭一個，連這麼簡單的道理都不懂！」讀國三的哥哥阿正，右手掌猛力一揮，朝小六的弟弟阿直的後腦勺啪一聲打下去。

「你真的很圈圈叉叉耶！沒經過我的同意，幹嘛碰我的卡匣！」阿正提起左手作勢要朝阿直的頭K下去。

「我看你是從路邊垃圾桶撿回來的喲！這麼搞不清楚狀況。」

對於哥哥的粗言粗語，阿直總是壓抑在心裡，不敢向爸媽告狀，免得又遭來阿正的滿口辱罵。

「你真的很貝戈戈耶！不要臉，你不知道起手無回大丈夫嗎？到底懂不懂規矩啊！」當兄弟倆在午後一起拚鬥象棋時，阿正總是順口成髒。

「你他媽的，這也太離譜了吧！竟然七步不到就被我將軍了，真是遜咖耶！」阿直像是戰敗的公雞般，垂頭喪氣，但心裡不甘心地想著：「幹嘛一直說我、罵我！你以為自己是哥哥就可以這樣？」

校園的走廊與廁所，總是阿直班上的男生在下課時最愛追逐、嬉鬧的地方。

「靠北喲！你給我靠北邊走喲！」「我還你娘卡好，你的新娘在斯里蘭卡好不好？」「腦殘啦你！你的腦袋瓜殘留農藥洗不掉啦！」同學們你一言、我一語，大夥邊說邊笑成一團。

這時阿直也補了一句：「廢物！你還拿作廢不要的紙，當作寶物！」當順口一說之後，阿直突然間覺得心中有一股暢快感，特別是，和同學變成同一掛，這時感覺最是親密。

「混球！閃邊！北爛！」阿直突然拿起作業本，對著家中的波斯貓球球丟過去，並補了這一句。

「阿直，你在說什麼？」媽媽訝異地對著阿直問著：「是誰教你的？你知不知道你在說什麼？如果被你爸爸聽到，你就完蛋了，你現在怎麼變成這樣啊？」媽媽皺起眉頭，一臉不可置信的望著坐在書桌前的阿直。

「孩子什麼時候開口說髒話？」有時許多父母會開始這麼想著，不可能啊！我們家裡沒有人說髒話啊！他到底是從哪裡學來的？

說髒話，對於開口的孩子來說，往往存在著魔力。簡潔、有力量、傳染情緒、好玩、吸睛、被注意，但無形中，在脫口說髒話的過程中，卻不斷蓄積負向能量而不自覺。

為了讓髒話已成往事，為了讓孩子能夠理解有些話如同毒劍般，脫口說出來總是傷人，同時讓自己覺察脫口說髒話，在這背後到底蘊藏著什麼毒素成分。

☆ 以下七點叮嚀，和你分享，也讓孩子與髒話說聲莎喲娜拉。

1. **發現負向的情緒**：對於部分孩子，說髒話的背後往往蘊藏著生氣、憤怒或不滿等負向情緒。當孩子脫口說出髒話，先不急著當場糾正或指責，試著同理並反映孩子當下所經驗的事件與感受到的情緒，例如，「媽媽猜，或許是你覺得弟弟不遵守遊戲規則這件事，讓你感到憤怒，所以才說髒話。」

2. **你知道在說什麼嗎？**孩子說髒話，內容往往與私密的性器官或性行為有關，除了讓聽的一方感到羞澀、不自在、被冒犯，說的人不見得知道自己在說什麼。當孩子又冒出髒話，建議你試著先探詢孩子，例如，「你知道ＸＸＸ是什麼意思嗎？」隨後，再以很自然的態度，向孩子說明這些字詞在兩性教育上的正向意涵。

3. **使用美妙的轉換字**：有時在家裡，面對孩子說髒話，你可以退而求其次的要求孩子，必須以其他美好的字詞來代替這些粗鄙不雅的字眼，例如，「你很星星、月亮、太陽耶。」「你很金星、火星、木星耶。」試著讓粗鄙不堪的字眼在你的家裡逐漸消失。

4. **掌握髒話消音器**：孩子說髒話，有時涉及一種自我覺察與自我控制。

你可以嘗試在家中，透過角色扮演的方式，讓孩子模擬演練在校園生活中常見的對話。只是在過程中，當孩子欲脫口說出髒話時，必須能夠先自我覺察，並練習自我控制以消音替代。

5. **我只聽到好的話**：讓孩子瞭解一件事，當脫口說出正向的話時，有時就像吸引力法則一般，也能夠對彼此帶來正向能量。話好，話不好，總是能夠決定能量朝哪一個方向釋放。提醒孩子一件事，自己有那個智慧與聰明，決定話應該怎麼說。

6. **一個都不能有**：請堅定地讓孩子知道你的原則，與堅持的底線。例如，「你別告訴我，我們班上同學都在說。我不管你們學校在說什麼，請記得，在這個家裡面，只要是我聽得到的地方，我就不允許髒話在家裡出現，一個都不能有！」

有時，不同的角色，負責不同的轄區。在學校由老師負責，在家裡則由父母承擔。

7. 遠離污染源：現代父母經常得面臨一項巨大的挑戰，就是孩子身處的網路世界，或電視螢幕裡火紅的卡通，像是《海綿寶寶》、《蠟筆小新》等吸引孩子注目的節目內容，當中常常容易出現一些超齡、不適合孩子學習的對白。這些麻辣的對白，或許大人聽聽莞爾一笑，但對孩子來說，容易模仿，卻很難有區辨力，不知道哪些可以學，哪些碰不得。試著幫孩子過濾吧！特別是大人愛看的八點檔或戲劇，這當中總是存在著許多的髒話地雷，等候孩子隨時脫口引爆。

8. 說的真像我：如果你不希望孩子脫口說髒話，當然，最基本的就是大人本身也不要脫口講。

有時，大人會不經意地、自然而然脫口說，或是自認是大人可允許、獲授權而開口講。「你還是小孩，學什麼大人說話？」這句話可是行不通喲，對於孩子禁口說髒話，可是缺乏說服力。

如果你不希望孩子成為那樣的德性，那麼請你就不要這麼做。如果你想要讓髒話已成往事，這可是最基本的遊戲規則。

復古限量版，隔代教養樂無窮

坦誠地讓孩子瞭解，在這個家中，爸媽長期缺席的原因。你會發現，對於現實的認命，例如爸媽就是不在我身邊，有時對於孩子來說，反而是一種接受，雖無奈、不願，但對於日後的壓力調適與因應，會比較順暢些。

「老師，不好意思，請問你有沒有看見我們家的阿河？我幫他帶喜歡的哈密瓜來，他老是抱怨說學校的營養午餐吃不飽，我想就給他多帶一點水果來，這孩子還在長。」阿公有些不好意思地走到教室門口問著老師。

「阿公，你水果放著就可以，小朋友剛吃完飯，現在都到處跑來跑去。阿河現在沒有在教室裡，等一下我會拿給他，阿公你放心啦！」老師對著滿頭大汗的阿公說著。

「這個孩子就是這樣，我跟他說中午十二點就幫他帶過來，他一直說不要，說什麼那個時候校門口都是人，而且同學都是媽媽送便當來，說什麼我就都是阿公來，同學每次都在笑。」阿公擦著額頭上的汗水有些抱怨地說。

「阿公，不好意思，請問一下。阿河的資料表上，爸爸媽媽都在，也有一個小妹妹。怎麼阿河沒有和他們住在一起？不好意思這麼問你。」剛接一年級的班級導師這麼問著，雖然她知道班上有許多像阿河隔代教養的例子，但是有些同學的家長或照顧者卻不一定會詳實地告訴她。

「老師，我也很不好意思，沒有一開學就告訴你。哎！我那個媳婦啊，從小對阿河就不喜歡，打從坐完月子後，孩子就託給我和阿嬤兩個人帶。爸爸的工作也忙，常常在外地，媳婦也搬去台北住，現在又生了一個小妹妹，才八個多月自己帶，所以阿河就一直沒有回去和他們住，也生疏啦！和他的爸爸媽媽也不太見面啦！不好意思耶，老師這麼麻煩你。」阿公有些無奈地說著。

「原來如此，但是阿公你也不要太介意，我們班像阿河的這種例子也滿多的，現在每個家庭都有它自己的無奈啦。阿公謝謝你跑來耶，我會和阿河還有班上同學談談隔代教養的事，這一點小朋友也都要懂，懂得感恩阿公阿嬤的辛苦照顧。阿公，現在正中午、太陽大，你就趕緊回去休息。水果的事，我會處理，你放心。」

在校園裡，我常常會面對隔代教養所呈現的問題，及年長的祖父母在照顧與管教孫子，和他們相處時所遇見的溝通困境。這樣的現象，往往在青春期時，祖孫間的隔閡有時會愈來愈明顯。

✰ 如何在現實或無奈的隔代教養上，趁孩子年紀還小時，好好維繫彼此的祖孫情？我想，這是可以讓我們提早來做的事。

1. **歲月的藏寶盒**：對於許多長輩來說，隨著歲月的累積，在經驗與記憶當中，往往也存在著許許多多的寶藏。試著讓身旁的孩子們看見這些年代的精華，無論你是身為父母，很少陪伴在孩子身邊，或是你身為老師等，都可以讓孩子瞭解這些寶藏的迷人之處。

當然，如果你是祖父母，也不要吝嗇，就慢慢地來展現屬於你自己的阿公阿嬤小玩意。

2. **同理爸媽不在旁的感受**：隔代教養有時讓彼此之間感到現實的無奈，對於父母常常不在身旁的殘酷，有時是需要我們站在孩子的立場去感受。例如，面對同學上學、放學或中午校門口，都有爸爸、媽媽來接送或送便當，對於有些敏感的孩子來說，在心理上多少會感到疑惑、渴望與失落。

試著幫孩子說出感受，例如，「阿河，阿公感覺到你有時會難過，也多少猜得出來，你看見小朋友的爸爸媽媽到學校，你都很羨慕。」

3. **說理用在刀口**：有時，祖孫之間的隔閡，往往在於年長的阿公阿嬤們容易說道理，例如「阿河，你要用功，多讀一點書，考試考好一點，以後才能找到好工作，像你爸爸一樣。」「阿河，你年紀小就要懂得惜福，你要知道農夫種稻很辛苦，你沒聽過粒粒皆辛苦，不要每次吃飯都剩一堆，也都不吃乾淨。」等。說理有必要，但請謹慎說理，讓說理用在刀口上，避免孩子看到你就說：「又來了，囉哩囉嗦。」

4. 走進孩子的樂園：祖孫之間的年齡雖然是一個現實的距離，但不一定表示彼此就一定要宿命的拉開關係。

對於阿公阿嬤來說，如果可以放下身段，讓心情年齡也壓縮到年輕，試著虛心或好奇於孩子所關注的事物，請孩子說給你聽，或仔細觀看孩子現在所處的熱情世界。

買張票，走進屬於孩子的樂園，你會發現對於眼前的孩子，你會更瞭解。

5. 我就是阿公，我就是阿嬤：有時，在隔代教養中，年長的祖父母們，很希望能夠扮演孩子的第二代爸爸或第二款媽媽，但你會發現，角色的差異性，對於孩子來說，仍然區分得很清楚。

你就是阿公，你就是阿嬤，你不會是爸爸，也不可能成為媽媽。坦誠地讓孩子瞭解，在這個家中，爸媽長期缺席的原因。你會發現，對於現實的認命，例如爸媽就是不在我身邊，有時對於孩子來說，反而是一種接受，雖無奈、不願，但對於日後的壓力調適與因應，會比較順暢些。

6. **復古限量版**：讓孩子知道，這是專屬的阿公阿嬤之愛，不是每個人都有的喲，例如，「阿河，別人有爸爸媽媽，但不表示別人也有阿公阿嬤喲。雖然你也很想要有爸爸媽媽，但請記得，阿公阿嬤也是限量的喲。」如同復古限量版，讓孩子能夠看見你就如同珍本一樣，可是罕見、寶貴的。

當然，如果你是父母或老師，也請多多向孩子強調這珍貴，金錢無法衡量的寶貴資產。

7. **武功共享平台**：雖然阿公阿嬤有時因為年紀，體力有些限制，但請讓孩子知道，你本身也有許多小把戲。和你的寶貝孫子一起連線、共享彼此的絕世武功，無論是屬於孫子的網路世界，或是屬於你自己的絕技。

讓孫子來教懂你，也讓你自己來傳習給孫子。

玩樂，會是祖孫之間的一條直線捷徑。

大象舞，關於幼兒的性教育

模仿，在孩子成長的過程中，對於行為的發展，是一個非常關鍵的元素。只是孩子有時無法清楚分辨哪些行為該學？哪些舉動碰不得？就像有時小朋友會疑惑，「為什麼卡通演就可以，自己一樣做卻不行？」

「哇！大象舞耶！你們看小星在學《蠟筆小新》跳大象舞耶！」大班的教室裡一群小男生圍著小星笑成一團，但小女生卻尖叫著散開，小星更是樂此不疲地，重複做著讓小朋友覺得尷尬又難堪的不雅動作。

「你在做什麼？」Ruby老師板起臉孔，雙手扠著腰，瞪著還在自我陶醉，脫掉小褲子跳舞的小星。此時，一旁起鬨的小男生一哄而散。

「你知不知道你在做什麼？褲子給我穿起來！」Ruby老師拉高嗓門，只見小星臉帶著微笑，不疾不徐地將褲子拉上。

「你看小朋友都覺得很好玩啊！」小星理直氣壯地回應著Ruby老師。「他們都很愛看我表演喔！老師，你要不要再看一次？」這句話，讓Ruby老師的火氣更大。

「你！去旁邊罰坐！等一下的彩繪活動不能上，聽到沒有。」

此時，小星一臉無辜，仍然不知道自己到底錯在哪裡，口中還嘀咕著：「這《蠟筆小新》的卡通有演啊！」

「小星！你不能脫褲子。」媽媽按捺住有些生氣的情緒，苦口婆心地再次對小星耳提面命。

「可是，洗澡前不是要脫褲子嗎？上廁所時，不是要脫褲子嗎？」小星有些不解媽媽為什麼告訴自己不能脫褲子。

「小星！媽媽是要告訴你，不能在別人面前脫褲子，特別是在小朋友面前脫褲子，還跳舞。」媽媽進一步向小星解釋。

「可是，小朋友笑得很開心耶，大家都覺得很好玩，女生都嚇得跑光光喲！」小星得意地向媽媽說著。

此時，媽媽額頭上，如同出現三條線，直覺有理說不通。

在親職諮詢的現場，常會遇到不知所措的父母問著：「奇怪？為什麼我們家的孩子這麼搞不清楚狀況？不知道跟他說了多少遍，總是愛玩一些莫名其妙的遊戲，真是電視看太多了，好的不學，盡學一些壞的。」

模仿，在孩子成長的過程中，對於行為的發展，是一個非常關鍵的元素。只是孩子有時無法清楚分辨哪些行為該學？哪些舉動碰不得？就像有時小朋友會疑惑，「為什麼卡通演就可以，自己一樣做卻不行？」

當孩子在課堂上，出現《蠟筆小新》常跳的大象舞，總是讓小朋友有的笑成一團，有的嚇得四散，你該怎麼辦？

✩ 分享八個小叮嚀，讓孩子適可而止，與大象舞說再見，同時學會如何認識性、保護自己、尊重兩性。

1. **大象舞的背後動機**：面對孩子在眾人面前跳大象舞，或是出現類似不適當的、與性有關的行為表現時，我們是該先停下來思考，這段舞的背後到底想要傳達什麼訊息，是孩子想要以這個動作引起別人的注意？是孩子以為這麼做對方會開心，那麼小朋友就會接受自己？是好玩？因為卡通也有在播？還是對於性沒有界限、概念模糊？

2. **收不到訊號**：有時你會發現，當孩子做出大人不允許的動作時，有一部分主要來自於對方的反應，例如尖叫、嘻笑、害羞、跑開或責罵等，反而使得孩子的不適當行為被強化而再度出現。

為了讓孩子向大象舞說再見，如果孩子第一次做出類似的動作時，或許你可以先採取收不到訊號，不做反應，看是否會削弱孩子的不當行為。

3. **冷面回應**：如果你發現孩子一做再做，故意想要讓你注意他時，這時，保持沉默、不做反應似乎失效時，請改以冷靜、堅定的語氣回問他：「你在做什麼？」試著如同停格一般，讓孩子說出及察覺自己當下的行為模式，並且讓他可以從你的語氣，感受到這個行為是不被接受的。

你也可問孩子：「你這麼做，是想幹什麼？」特別是當孩子已說出自己脫褲子在跳大象舞時。

4. **別過度反應**：當你發現或知道孩子玩脫褲子，跳起大象舞的遊戲時，請記得留意自己的反應，請不要使用太激烈的負向用語，例如，「你好色」、「噁心」、「你丟不丟臉」、「變態」等，畢竟學齡前的幼兒對於性這件事，仍然懵懵懂懂，沒想到那麼複雜。

太過於激烈的負向聯結，容易使孩子在成長上，對於性這件事，形成負向的自我概念，甚至於討厭自己。

5. **轉移注意力，當大象不再好奇**：無論是孩子希望被注意，或是孩子希望交朋友，或好玩，試著在平時多轉移孩子的注意力在其他的活動或表現上，使他們不要在類似的遊戲上過度注意。

讓孩子瞭解想要被注意的方式有很多種，或許你可以與他一起腦力激盪，例如好玩的遊戲，像是躲貓貓、一二三木頭人、老鷹抓小雞等。

6. **男女大不同**：這階段的幼兒多少可以瞭解男女生在性的特徵大不同，特別是在洗澡時，有些父母會開始讓孩子認識與瞭解，同時也讓孩子學習彼此尊重，及瞭解看的人的感受，例如有時小女生看見小男生的祕密基地，如生殖器或屁股，是會讓對方感到不自在或不舒服的，此時就可以告訴孩子：「小星，媽媽告訴你，當你學蠟筆小新脫褲子跳大象舞，會讓小女生感到不自在、不舒服，我想你自己也不希望有這種感覺。」

7. **我的祕密基地**：讓孩子知道，每個人都有屬於自己身體的祕密基地，特別像是胸部、生殖器、屁股等私密的地方，是不應該在別人面前裸露的。例如，「小星，你要記得喲，你的小鳥和屁股是你的祕密基地，是不可以隨便讓其他人發現的，懂嗎？因為是祕密基地，所以平時就要用衣服或褲子把它遮起來，這樣別人就不會看見囉。」

8. **保護自己**：讓孩子瞭解，要學會保護自己的祕密基地，絕對不能讓別人任意碰觸或看見。

明確地讓孩子瞭解自己是身體的主人，只要是讓自己感到不舒服、不自在或討厭的感覺，誰都不能碰觸自己的祕密基地一步。

我有妥瑞症，我不是故意的！

身受妥瑞症困擾的孩子，除了tic出現所帶來生理上的不舒服外，另外一項最主要的壓力源就是面對周遭他人的眼光與反應。

爸爸已經按耐不住自己的煩躁與怒氣，對著阿奇的表情與動作叫著：「你給我聽清楚，如果你再這樣猛眨眼睛、亂嘟嘴巴、給我扮鬼臉，你就給我試試看。」

阿奇有些委屈地反駁說：「我又不是故意的。」但隨後自己又不自主地點頭、晃腦、臉皮跳動，甚至發出喀、喀、喀、耶、耶、耶等怪聲。此時，爸爸已經雙手扠在腰際，準備破口大罵。

阿嬤為了孫子的這些怪動作，直覺認為是中邪，她到常去的廟裡請示，拿回了好幾帖的符水，甚至想帶阿奇去行天宮附近收收驚，消消穢氣，只是被媽媽好言相勸地阻擋了下來，媽媽也一直納悶地想：「這到底是怎麼一回事？」

阿奇心裡一直無法接受，為什麼這些怪動作、像粗話的怪聲音會發生在自己身上，特別是當自己愈緊張、愈疲累時，這些不自主的動作與聲音就更常跳出來讓自己難堪。

這些突如其來的不速之客，每晚總讓阿奇煩惱到睡不著覺。阿奇也察覺到最近自己的脾氣似乎變得愈來愈浮躁，好多事情好像都失去了耐性。

「我實在是不喜歡這樣的感覺，有誰可以幫幫我？」阿奇自言自語地說著，並納悶地想：上個禮拜媽媽帶我去兒童神經內科，醫生說我是什麼妥瑞症，聽都沒聽過，這到底是什麼？其實，從開學到現在，阿奇一直都在擔心班上的同學是否已經發現自己有點怪怪的。愈想，就愈讓自己睡不著。

這些讓阿奇及父母頭痛、不自主的動作或聲音（tic），總是容易出現在患有妥瑞症的孩子身上。這些調皮搗蛋、四處亂竄的tic，總是讓人感到相當不舒服。

連帶地，對於自己在注意力的表現、情緒控制與睡眠品質上，也容易因此打了折扣，讓孩子深深苦惱，但是，妥瑞症不等並同於孩子的全部，沒有人期待自己伴隨妥瑞症，也沒有人喜歡讓tic在自己的身上作祟。

✡ 提供六點小叮嚀給家有妥瑞症兒童的父母們，試著讓孩子練習壓力的抒解，以有效因應妥瑞症所帶來的困擾。

1. 閉起眼睛，深呼吸：當發現自己的tic似乎蠢蠢欲動時，這時先閉起眼睛，深呼吸，以緩和緊張、焦躁、不安或過度興奮的心情。讓情緒維持在平穩的狀態，多少能夠有效減緩或安撫愛搗蛋的tic反應。

2. 找事情做，轉移注意力：這些事情最好是對自己輕而易舉的事，或是能夠讓自己感到輕鬆的活動。注意力的轉移，同樣能夠讓緊張、焦躁、不安等焦慮情緒暫時解除警報。同時，tic的頻率及強度也多少能夠下降。

3. **調整步伐及呼吸**：情況如果允許的話，試著讓自己散散步，透過平穩的步伐及呼吸的調節，同樣能夠請tic乖乖，別搗蛋。

4. **想像舒服的畫面**：當tic仍然不死心地急敲你的門，再次閉起眼，嘗試讓腦海中自動撥放，想像能夠讓自己輕鬆、自在、舒服的畫面，例如平靜的海平面，甚至加上自己哼唱的背景音樂都可以，只要能夠適時緩和情緒。

5. **遠離刺激源**：建議讓孩子遠離太容易讓自己感到緊張、興奮的活動，例如聲光太過刺激的電玩或線上遊戲。通常在這些聲光刺激的推波助燃下，妥瑞症兒童的tic總是不請自來。

6. **徹底休息**：當孩子真的感到疲憊時，或許該是拉下身體的鐵門，讓自己徹底的休息一番，讓tic沒戲可唱。有時，當孩子感冒不舒服，或玩得太疲累，也是很容易誘發tic的出現。

身受妥瑞症困擾的孩子，除了tic出現所帶來生理上的不舒服外，另外一項最主要的壓力源就是面對周遭他人的眼光與反應。

☆ 為了讓周圍的孩子，學習如何與妥瑞症的孩子們相處，在這裡，心理師分享兩點小叮嚀給你參考。

1. **友善的互動**：讓小朋友試試看，面對妥瑞症同學帶著tic走過來，自然地對他微微笑、說說話，試著將他臉上跳動的tic想像成他配戴的眼鏡一般，司空見慣地接受他。請記得，周圍小朋友與大人的友善眼神，確實能夠使這些不舒服的tic獲得減緩。

試著減少對妥瑞症孩子動作上，或聲音上tic的過度注意，請移除異樣眼光。友善的互動情境，將為這些妥瑞症孩子帶來舒壓、減壓的效果，間接地，讓這些愛作怪、不請自來的跳動tic不告而別。

2. 感受的同理：想走進妥瑞症孩子深受tic折騰的內心感受，或許你可以請其他小朋友閉起眼睛想像一些場景，同時感受一下當自己化身為這些場景中的主角，是否會讓自己也有一種難以自容的焦慮與不安。

想像著，當與爸媽走在人潮擁擠的台北站前地下街，或坐在捷運車廂上與其他乘客面對面，如果自己總是容易出現擠眉弄眼、眨眼睛、搖頭、晃腦、嘟嘴、發出耶、耶、耶或清喉嚨等聲音時，請問你是否仍然能夠輕鬆自在？特別是對方的目光總是聚焦在自己的動作、聲音tic上。

想像著，當你在速食店排隊等候點餐，這些不自主的抽動又來搗蛋、做怪，你是否依然自在？或焦慮不安？或者，當你在上學進校門那一剎那，當你在夜市逛街，當你在台上說話，當你有些壓力，而不自主的抽動又無預警出現時，自己的感受又會是如何？

「我有妥瑞症，我不是故意的！」要讓孩子面對其他人說出這一句話，是需要十足的勇氣與時間調適。

勇氣的培養需要一步一步來，請稍安勿躁，先選擇一兩位孩子信任的同伴，並在這些同伴面前先練習開口說。

如果孩子能夠在你的支持與協助下，瞭解妥瑞症是怎麼一回事，並鼓起勇氣說出這一句，這將會是跨出自我接納的一大步。

停擺的時鐘，當孩子有能力，卻不想動手做

面對孩子有如停擺的時鐘，請你先思考幾件事，一是孩子是不能，超出他的能力範圍；還是不願，有能力，但態度上卻不願意動手做。

「蕭辰，這張數學考卷，明明題目出得很簡單，你竟然只寫個名字就趴在桌上，這怎麼得了？難道要老師找你爸爸媽媽來學校？」

「玩，你會。但是考卷就不寫，我就不相信這些你不會。」老師有些氣急敗壞地數落著蕭辰，但他仍然不為所動，盡轉著手上的鉛筆，依然不願意作答。

「今天放學去接辰辰時，老師問我辰辰的數學怎麼這麼弱，明明看起來就不

笨，國語都可以考得很好，怎麼考數學就不願意寫？」

「爸爸，你認為辰辰是不是該去上安親班，或是請家教來補數學。你看這張考卷，竟然完全空白，老師還在上面打個大圈圈，他的數學真的有這麼差嗎？」媽媽望著數學考卷有些不知所措。

「蕭辰，去把數學考卷拿過來！」爸爸有些發怒，以略帶威脅的口吻要求：「現在去把這些題目寫完。聽好，沒寫完，什麼都不用跟我說，我就坐在這邊等你。」「我就不相信你連一題都不會寫，不會寫，那就由我來教。」這時，只見蕭辰心不甘情不願地拿著考卷與鉛筆盒，板著臉，嘟著嘴，開始坐在書桌前寫了起來。

不到半個小時，原先全空著沒寫的數學計算題，經過爸爸一題一題仔細檢查，十題對七題，另外三題進位錯誤。

媽媽心中是既擔心，又感到困惑，她想，辰辰從小的自信就真的不是很好，特別是上小學後，變得愈來愈明顯，特別是在數學這件事。

媽媽心想：「我真的被他弄糊塗了，有時會，有時不會。認為他會，又不願意寫，也不知道會不會？認為他不會，想要請家教，他也說不要。但是只要爸爸兩三句話，怎麼就像變個人似的又會？」

我在與家長接觸、諮詢時，發現父母常有一個疑問，「我的孩子到底是會？還是不會？」就如同你家裡的時鐘，有時轉動，有時慢點，走走停停，說壞，有時又準時，說沒電，有時電池換了之後，還是無法確實。

面對孩子有如停擺的時鐘，請你先思考幾件事，一是孩子是不能，超出他的能力範圍；還是不願，有能力，但態度上卻不願意動手做。

☆ 以下五點，希望能為你解答疑惑。

1. 停擺，讓你看見什麼？有時，你可以靜下心來思考，「我對於孩子到底瞭解多少？」以蕭辰的學習為例子，當發現他在國語部分，不需要你的催促或提醒，就能夠自發性地準備，無論是聽、說、讀、寫，孩子總是能夠表現出他在國語上的積極，但換成數學，為什麼就變了樣？特別是國語、數學還是同一個導師教。

你或許滿腦子疑惑，同樣是學習，為什麼落差這麼大？難道是蕭辰的數學程度比較不好嗎？或許有這個可能性，但似乎你也沒把握是否如此。

但是，如果蕭辰數學不會，為什麼你沒看出來，或者他也不主動跟你講？因此，關於停擺，似乎讓你看見兩件事，一是對於孩子的能力我們掌握與瞭解多少，二是孩子為什麼總是選擇不願意跟我們大人說。

2. **如何確認時鐘是否故障**：你或許很想弄清楚，如何判斷孩子有能力，但卻什麼都不想做。這時，需要你的敏銳觀察，請仔細回想，孩子先前是否曾經順利完成過，無論你是如何運用各種威脅利誘。

以蕭辰的例子來說，在爸爸的要求下，他十題數學做對七題，至少可以讓我們確認，在類似的題型上，孩子至少有七成的功力在，只是他在學校為什麼不展現出來？這裡就會看見我在前面所談的不願，有能力，但態度上卻不願意動手做，所以你所需要處理的會是態度的問題。

3. **停擺沒代價**：為什麼會停擺？每個人的情況可能不盡相同，例如以蕭辰的例子，當他不寫數學，說真的，老師也拿他沒辦法，或許他可能這麼想。這一點在透露什麼訊息給你，或許對於孩子來說，不動手，也沒什麼嚴重後果，那為什麼他要做？特別是他覺得沒把握的時候。這多少也說明著，為什麼祭出爸爸這張牌時，蕭辰就只好動了起來，或許因為他在意，在意爸爸可能變出來的行為後果，或說代價也可以。

4.像7-ELEVEN一樣堅持：孩子有能力，卻罷工停擺，有一部分也許來自於大人的堅持鬆動。

學堅持，當你走進7-ELEVEN，你就會發現道理在那裡。你會知道每個架上的物品價格都標示相當清楚，包括該有的折扣，也都是事先訂清楚。在這裡，你確定不會想要討價還價，因為價格夠堅持。

如果以蕭辰為例，數學會做，卻不做。你如果持續展現堅持，到底能不能撼動他的態度？這就如同爸爸的一句話，「聽好，沒做完，什麼都不用跟我說。」因為你會發現，在能力範圍內，做該做的事，會是一種責任。

請提醒自己，面對孩子的試探、鬧脾氣、拒絕、討價還價的過程中，你是否容易像傳統市場中，如同面臨景氣蕭條般，輕易妥協，降價求售？

如果你認為對於孩子的指令或要求合情合理，特別是孩子有能力做、當下該做、必須負責做，這時，你就應該讓自己化身為孩子眼中的7-ELEVEN，讓他們能夠看見你清楚的堅持與態度。

5. **蓄積挫折的水庫**：當然，我們和孩子之間的關係，不盡然都是需要硬碰硬。堅持是重要，也必要，但有時也會考量是否孩子在這些事情上，的確有著許多不好的經驗存在，而讓自己不想動，或動不起來。

試著幫孩子說說看，陪著他一起看見這停擺背後的心理，例如，「辰辰，媽媽感覺到你有些無力，特別是當你看到數學時，挫折感最是明顯。我想，或許你以前曾經努力想要好好學數學，但是卻不知道怎麼開始動手。」

塗抹的痕跡

為什麼孩子需要如此地使用小聰明，說謊、矇騙大人？是孩子在作業上出現壓力或困難？或許是父母太忙，所以沒細看孩子的聯絡簿內容，或是對於孩子的功課敷衍塞責？還是誠實說結果可能帶來更慘的後果？孩子的這些小聰明到底是要告訴我們什麼？

曉文拖著腳步慢慢地往回家的路上走著，心想：「慘了！老師今天要求每個人把數學考卷帶回家給家長簽名，我才考四十八分，怎麼敢給老爸看？完蛋了，一定會被罵得慘兮兮，怎麼辦？」愈去想，腳步愈跨不出去，曉文已足足停留在

街角的便利商店前將近十分鐘。

「曉文，今天作業寫完了，拿過來給爸爸簽名。」

「聯絡簿我沒帶回來耶，但是我知道今天的作業只有兩項，數學第三單元，還有國語乙本第十至十二頁。我還記得啦，還有要背《唐詩》。」曉文臉不紅、氣不喘地回應著爸爸。

「你明天記得要帶回來，不要老是忘東忘西。」爸爸很快地在課本上簽了名，並再次叮嚀曉文：「刷完牙，就去睡覺，不要每次早上都起不來。」曉文把本子放回書包，鬆了一口氣。

「但是，怎麼辦？數學考卷要簽名，怎麼辦？還有老師明天早上也要檢查聯絡簿，如果老師發現爸爸沒簽名，那我不是又要被念了？」曉文在床上翻來覆去，兩顆眼珠子瞪得大大的想著。

「爸爸，聯絡簿找到了！原來夾在英文課本裡。還有，我《唐詩》剛剛也還沒背，我先背，背完再一起簽名。」曉文索性地將聯絡簿拿出來給爸爸簽，但是原先寫要讓家長簽名的數學考卷一事，則用橡皮擦塗掉，當然也包括另一張回家該寫沒寫的評量卷。「明天再說了。」曉文心裡想著。

「涂曉文，你過來，為什麼早自習才在寫評量，昨天回家在幹嘛？你爸爸不是有簽名嗎？怎麼沒看見你評量沒有寫？」老師有些生氣地拿起聯絡簿在曉文面前晃啊晃。

「數學考卷訂正怎麼沒有簽名呢？你爸爸到底有沒有看？」曉文被問得有些支支吾吾，「因為、因為，我昨天忘記……」曉文實在不知道該如何接下去，此時，兩隻手不時地搓揉著，眼睛遲遲不敢直視老師。

塗改聯絡簿，總是容易發生在有些孩子身上。有時孩子很精明，為了逃避書寫作業，或擔心考不理想的分數讓父母看見，常在聯絡簿上做了些小動作，例如放學前，將黑板上的五點事項以鉛筆逐條寫下來，待老師檢查之後，回家前再用橡皮擦塗掉其中不想寫、不想做的部分。

把想寫、容易寫、好寫的作業交代了事之後，在矇騙父母簽名後，隔天上學前，再將擦掉的內容補謄在聯絡簿上，隨後到學校後再利用早自習補寫，或乾脆告訴老師該項作業放在家裡沒帶來。

為什麼孩子需要如此地使用小聰明，說謊、矇騙大人？是孩子在作業上出現壓力或困難？或許是父母太忙，所以沒細看孩子的聯絡簿內容，或是對於孩子的功課敷衍塞責？還是誠實說結果可能帶來更慘的後果？孩子的這些小聰明到底是要告訴我們什麼？

☆ 為有效因應孩子塗改聯絡簿的偏差行為，在此提供七點建議與你分享。

1. **反映感受、澄清緣由**：例如，「爸爸知道你動手改聯絡簿上的內容有你的苦衷，雖然這件事讓我很傷心，也很失望，當然也很生氣，但是我很希望你能夠清楚地告訴我你的想法，是什麼樣的理由會讓你想要動手這麼做？」

2. **塗掉挫折、擦掉困難**：針對孩子容易出現塗改、逃避書寫的科目進行瞭解，澄清孩子是否在該項功課上面臨困難或挫折。
如果你發現，孩子確實在特定學科出現落後，你可以考量是否需要進行補強。

如果孩子的聽、說、讀、寫、算與同齡兒童相較明顯落後，這時，建議你，可透過親師溝通，討論孩子的作業是否需要在質與量上進行調整，例如難度降低或作業量減少。

3. **自尊總是躲在塗抹下**：建議你，私底下找曉文談，例如，「曉文，你要知道聯絡簿是老師和家長之間的溝通，你這樣私底下把內容塗掉、又補上，讓我們大人之間的溝通彼此產生不信任。你應該知道塗改是欺騙的行為，你的一個輕輕的塗改，可是讓別人對你的信任感重重下滑，這一點你就很不聰明囉。」

先避免直接在班上公開談論這件事情，雖然塗改聯絡簿是一種欺騙，但公開討論，孩子的自尊心可能無法承受，反而容易衍生出更複雜的後果，包括自我概念的低落。

4. **誠實面對責任與壓力**：讓孩子誠實面對塗改這件事，例如，「我不知道你是從哪裡學會這件事，對於這次的不誠實，你認為我們該怎麼處理？」或者

「我不清楚你下次是否還有可能會這樣做？但是我對你有信心，我也試著信任你，我知道你一定瞭解是非對錯。如果你真的遇到什麼問題，試著告訴爸爸，我們一起來解決。」

5. **說誠實是否太沉重**：欺騙的背後，總是存在著一些欲言又止的訊息，在孩子選擇塗改的背後，我們可以想想自己的反應，例如，當孩子誠實的把考得不理想的考卷帶回家，你會如何反應？打她？罵她？指責她？限制她？還是試著瞭解這不理想成績的背後，孩子到底需要被幫忙的是什麼。

6. **親師溝通的祕密通道**：讓孩子瞭解父母與導師之間的溝通會有祕密通道，並時常保持密切聯繫，例如放學後，父母與導師之間隨時有電話聯繫，爸媽會清楚知道及掌握聯絡簿或回家作業的內容。

有時，除聯絡簿的紙本溝通外，有些老師也會同時利用班網提供線上查詢，使得父母能夠隨時透過網路，掌握當日作業內容或導師所交代的事項。

7. 凡寫過必留下痕跡：為預防孩子燃起塗改聯絡簿的慾望，降低孩子想要塗改的誘因，建議班級老師可以訂定新的聯絡簿規則，例如，即日起，要求小朋友以原子筆取代鉛筆抄寫聯絡簿，同時如果有任何立可白或修正帶塗抹的痕跡，都要清楚說明。

之三

孩子，遇上難題，永遠別怕開口

啟動招呼密碼

打招呼，是許多父母期待孩子能夠在大人面前做到的事，但孩子不回應，特別是對於不熟悉的大人，其實與禮不禮貌並沒有直接的關係。這當中，有時反而透露著孩子如何看待與陌生大人的互動。

「妹妹早安喲！幾年級啊？你的書包看起來好重，背這麼多書，考試都考第幾名啊？」七樓的陳伯伯用手摸著電梯裡，準備上學的Alice的頭問著。

這時，只見Alice身體往後退，兩隻手緊緊抓著媽媽的衣角不放，低著頭，眼睛直盯著角落看著，不說一句話。

「早安，陳先生。」媽媽有些尷尬地，並用手輕輕推著畏縮在身旁的Alice往前。「和陳伯伯打個招呼，快！」Alice神情顯得不悅，緊閉著唇，兩隻手持續拉扯著媽媽的衣角。

「沒關係啦！沒關係啦！小孩子嘛！不要強迫她啦！沒關係、沒關係。」陳伯伯笑笑地對著Alice揮著手，這時媽媽的眼睛也不知該看哪裡。

在電梯下樓的短短十五秒鐘裡，Alice感到既生氣、又討厭，特別是當陳伯伯用手摸著自己的頭髮，當時真想用力把他的腳踩下去。

「真討厭！我又不認識他，幹嘛亂摸人家的頭，把人家好不容易梳好的頭髮弄得這麼亂，噁心死了。」在上學的路上，Alice邊走邊抱怨。

「你還抱怨耶，人家陳伯伯在和你打招呼，怎麼連說聲好都不會？眼睛也不看人家，板個臉，一點禮貌都沒有，都三年級了，還這樣，老師都沒有教啊？」「在家裡，話一堆，出來見到人就縮成一團，像小烏龜一樣，沒禮貌，你不怕人家說我們沒家教？」

聽到媽媽這麼一說，Alice突然停下腳步，轉身對著媽媽吼著：「我又不認識他，為什麼我要和他打招呼？」「我們老師都說，不能讓陌生人隨便碰自己，他幹嘛要亂摸我的頭？」「討厭鬼，那個歐吉桑自己才沒禮貌。」

「沒禮貌，還頂嘴？人家是覺得你可愛才跟你打招呼，一點規矩都沒有。」媽媽語氣有些加重。

「那你的頭讓他摸啊！」Alice氣得轉過身，加快腳步往校門跑去，把媽媽拋在後頭。

「你、你、你這小孩……」媽媽氣得有些啞口無言。

打招呼，是許多父母期待孩子能夠在大人面前做到的事，但孩子不回應，特別是對於不熟悉的大人，其實與禮不禮貌並沒有直接的關係。這當中，有時反而透露著孩子如何看待與陌生大人的互動。

如何讓孩子開口無負擔，招呼打得很自在？

☆ 以下八點建議，提供給你參考，一起啟動招呼密碼。

1. 打招呼是為了誰？你可以先試著想想，當孩子面對陌生大人打招呼，卻不回應時，你敏感、在意的會是什麼？是這股尷尬的氣氛讓自己感到不好意思？特別是擔心或在意別人認為自己的教養有問題，怎麼把孩子教成這樣子？還是你認為孩子應該學會有禮貌，無論是遇見熟悉或陌生的人？先清楚這一點，或許再來看孩子的反應會較為貼切些。

2. 傾聽孩子的感受：「我又不認識他，為什麼我要和他打招呼？」許多孩子有時會存在著這樣的疑惑，特別是當被教導要與陌生人保持適當距離時，更會讓孩子顯得無所適從。

如同Alice的反應，「真討厭！我又不認識他，幹嘛亂摸人家的頭。」如此感到被侵犯的厭惡感，有時對孩子來說是相當真實的，這一點是需要我們能夠傾聽與同理的，例如，Alice的媽媽可以對Alice說：「我想早上陳伯伯突然摸你的頭，讓你感到相當不舒服，或許你才選擇不願意和他打招呼。」

3. 打招呼，先從非語言互動開始：打招呼，是否一定要開口？其實也不必強迫要求。給孩子一些適應的時間，特別是對於陌生的大人，當父母太過於急切，反而容易適得其反，讓孩子對與陌生大人開口說話產生排斥或恐懼。當打招呼變成一種不愉快的負向經驗，反而讓孩子更討厭做這件事。建議你先引導孩子從非語言的表情微笑、眼神注視、點點頭或揮揮手等肢體動作開始。

一步一步來，讓孩子發現自己可以做得到，從過程中，感受這互動是容易，同時沒有威脅的。

4. **找出孩子願意打招呼的成功經驗**：你可以先想一想，孩子先前願意與大人打招呼，通常是在什麼樣的情況。例如是遇見熟悉的大人？或是對方先向孩子微笑？或對方與孩子分享玩具、聊她感興趣的事？或是在自己的家裡感到比較自在？將這些成功的例外經驗讓孩子知道，多少可以增加她與人互動的自信或意願。

5. **說話對象先從熟悉的大人開始**：有時，在電梯裡遇見同棟住戶，雖是鄰居，但或許連我們自己也不太熟悉，更何況是對於孩子。如果期待孩子能夠自在地與大人說話，我會建議你先從孩子所認識的同伴或同學的家長開始。

當孩子和小朋友熟悉，當她能夠或願意與同學說話，則進一步與對方家長說話的可能性會高一些。打招呼，真的急不得。

6. **招呼ＰＫ賽**：你可以與孩子來一場打招呼的ＰＫ賽，試著與她訂定比賽的遊戲規則，例如看誰一天裡和別人打招呼的次數會勝出。

請記得，這場招呼ＰＫ賽並沒有侷限在只和大人打招呼，和同學或鄰居小朋友打招呼也算在積分上喲。

7. **收集打招呼的通關密語**：你可以問問孩子：「Alice，媽媽問你，大人要怎麼做，你才會想要與他打招呼呢？」試著聽聽看孩子的想法，或許她會告訴你：「就向我微微笑，或說聲嗨也可以。」「但是請不要亂摸我的頭，還有問一些人家不想要回答的問題，像考試考得好不好？這誰要回答他？」

8. **用微笑與讚美拉近招呼的距離**：你或許也可以先試試，對著其他孩子以微笑與讚美和他們打招呼，例如「哇！小妹妹，你的鞋子好漂亮喔，上面的粉紅色Hello Kitty真可愛耶！」讓她看見你與其他孩子打招呼與互動的模樣。

微笑與讚美，總是能拉近孩子與大人互動的最短距離。

說謊，穩賺不賠？

面對孩子說謊，總是讓父母在道德上感到無法接受，並總是想著，為什麼自己的孩子會教成這樣不誠實。

「是誰尿尿沒有沖馬桶？講了多少次，還是這樣子。」媽媽氣急敗壞地對著大誠與小實兄弟倆嘟嚷著。

「不是我喲！我每次上廁所都有沖喲！」大誠揮動著手，否認自己做這件事。

「小實，那就是你囉！」媽媽轉頭疾言厲色地盯著弟弟看。

「媽媽，我今天早上還沒有尿尿耶，怎麼會是我？」小實顯現出無奈的表情回應著。

「那見鬼了，你們兩個都沒有尿尿，難道是鬼上完了沒沖？」媽媽加重語氣說著。

老師在大誠的聯絡簿上寫著「數學講義第三單元作業沒交」。媽媽手拿簿子，疑惑地對著哥哥問：「這是怎麼一回事？昨天晚上你不是告訴我，作業都寫完了，我才在聯絡簿上簽名，怎麼今天老師在上面寫說，你作業沒交？」

大誠一臉無辜樣表示，「昨天黑板上又沒有說要寫第三單元。」但媽媽指著聯絡簿上擦拭過的痕跡問：「那這是誰擦掉的？」

大誠回應：「我怎麼知道，又不是我擦的。明明就沒有說要寫，又不是我忘了。」

小實在拿冰箱裡的布丁時，不小心碰觸到架上的一盒雞蛋，掉到地上，眼看著盒裡的雞蛋破了一半以上，見沒人瞧見，隨手將蛋盒又放回架上，裝作沒發生這回事。

但他的心裡一直在煩惱著、想著：「怎麼辦？等一下媽媽煮飯時，打開冰箱看見蛋破掉，我就完蛋了。」「到底要怎麼回答？」「如果老實說，是我不小心弄破的，我想一定會被罵得很慘。」「一定要否認到底，抵死不承認，反正哥哥每次也都這樣。」小實心中暗自盤算著。

面對孩子說謊，總是讓父母在道德上感到無法接受，並總是想著，為什麼自己的孩子會教成這樣不誠實。

「孩子每次說謊被我知道，事後都被我處罰，為什麼還是教不會、學不乖，說謊愈說愈厲害，甚至於說得臉不紅、氣不喘。」這讓父母在親職諮商的過程中，總是感到不解、憤怒與無奈。

面對孩子說謊，或是你預期他即將說謊，該怎麼辦呢？

✰ 五點建議一起和你分享，讓孩子的謊言在脫口之前，即溶化、消失在口中。

1. 媽媽只要聽一種答案，你先想清楚，想要說哪一個答案？當你準備和孩子對話，然而在過去的經驗中，你可能已經預期他會開口說謊。這時，事先讓孩子清楚，你只要聽一種答案。在說這句話時，請記得語氣平緩、態度溫和與堅定，這方式在接下來的例子都依此類推。

當你在話中，提醒孩子想清楚，想要說哪一個答案時，這裡，已經隱約讓孩子知道，你已經預期他可能會開口說謊，試著讓他練習懸崖勒馬，說實話。

2. **你先不急著告訴我答案，十分鐘後我會再來問你：**當你愈表現出平穩，不急著問孩子答案，並反映給他知道，有時是給孩子一次自我覺察的機會。

我們大人常急於要孩子說出答案，而這樣的急迫性，往往也讓孩子習慣性地以二分的方式回應你，「有」，或「沒有」。給孩子一些時間，讓他知道你相信他一定會說出實話。

3. **你確定要說這個答案？**當孩子脫口回應你的話，試著注視著他的眼神，並語氣平穩地問他：「你的眼睛已經告訴我真正的答案，你確定要說這個答案？」隨後試著觀察孩子的語言及非語言的反應，無論是他說話的語氣、音量、使用的字眼、語調，或眼神、表情、姿勢、動作等。

讓孩子瞭解，當他說了這樣的答案後，自己所呈現出來的行為或情緒反應，已隱約告訴對方這句話是實話，或是謊話。

4. **別忘了，記住你待會兒要說的答案。提醒你，媽媽隨時會問你很多遍**：當你準備問孩子之前，建議你先告知他，記住自己待會要說的話。這麼做，背後主要是讓孩子瞭解，父母並不擔心或煩惱他說謊，但是如果自己選擇性地說了一些不實的話，除非讓自己把說過的話記清楚，否則爸爸媽媽會問他很多遍，更重要的是，隨時問。不然，自己就老老實實地說該說的話。

5. **面對孩子說謊的十三道問句**：當你發現，孩子似乎陷入說謊的習慣性漩渦裡，而不知如何往誠實的方向跳脫出來時，建議你，平時試著以下列的問句，協助他練習自我覺察。

以下這些問句，重點在於讓孩子能夠自我覺察出現說謊行為時，當時可能存在的想法、感覺及反應，同時讓其思考說謊行為與行為後果的關聯性。使用這些問句，建議你選擇在一對一晤談時進行，同時語氣嘗試溫和些。

當你做了什麼事，你會想到要跟別人說？
當你做了什麼事，你不會想要跟別人說？
說謊有什麼好處？
說謊有什麼壞處？
在什麼情況下，你會想到要說謊？
說謊時，你心中會有什麼感覺？（例如緊張、擔心、害怕、焦慮）
說謊時，你身體會有什麼反應？（例如口乾舌燥、手心盜汗、呼吸急促、臉紅心跳）
哪一次說謊讓你印象最深刻？
哪一次說謊讓你付出最大？
你下一次預計什麼時候要說謊？
為什麼你這麼有把握下次不會再說謊？
大人要怎麼做，你才不會說謊？

當發現你說謊時，大人可以怎麼做？

在面對孩子這些不適當的說謊行為上，請記得問題的癥結，不會只是來自於孩子本身。

有時，我們真的應該想想，是否在過去與孩子的相處上、教養上，不知不覺地使孩子往說謊的這條道路上走？例如當孩子以前實話實說時，是否反而更被施以處罰，使得孩子進而以說謊來迴避、或逃避可能帶來的後果或代價。

重要的是，對孩子來說，有時說謊，不見得一定會被識破。這樣的話，說謊這檔生意，他就會選擇繼續去做。

飯來張口的小子

請所有的父母記得一件事，當你動手做愈多，你愈聰明，孩子愈笨。

「汎汎坐好，不要跑，嘴巴張開，來把這口飯吃掉。」汎汎轉過頭來看著媽媽，微笑一下之後，馬上又跑給媽媽追。「哎呀！不要再跑了，坐下來，吃飯，快一點。」

媽媽苦惱著，這樣追來追去真的不是辦法。不要說自己學會拿湯匙動手吃飯，我看連餵個飯都很難。到底人家的小孩都怎麼帶啊？

都是你把他寵壞了。「追追追，要追到幾歲？」爸爸邊研究著手上的iPad 2

邊回應著媽媽。

「你不要只是出一張嘴，有本事你就自己來餵餵看。還只是餵喔！我還沒有要你訓練他自己動手吃飯喔！」媽媽的語氣有些煩躁。

「小孩子想吃飯就好了嘛！幹嘛現在就要動手學呢？他才剛剛滿兩歲，你們在急什麼，就慢慢餵嘛！現在讓他自己拿湯匙，不是自找麻煩，弄得滿桌都是飯，看了就頭痛。」阿嬤在旁插嘴說著，隨後順手拿起桌上的碗和湯匙：「來，汎汎來吃一口，吃一口，阿嬤等一下帶你去買糖果，快來吃一口。」這時只見汎汎張開大嘴巴，阿嬤順勢把那一湯匙的飯菜塞進汎汎的口中，並念著：「有吃就好，吃飽飽，長高高。」

媽媽看了無奈地搖搖頭，並小聲抱怨：「哪能每次都用這一招，我看飯沒吃多少，吃糖果就吃飽了。」只見爸爸仍然低著頭，持續在用iPad 2。這畫面，讓媽媽一看就有點火，順勢拍了爸爸的後背，氣著說：「真的是有什麼樣的爸爸，就有什麼樣的兒子。」

爸爸一頭霧水望著往廚房而去的媽媽，隨後，再轉頭看著阿嬤與被餵飯的汎汎後，接著又繼續低頭去研究他上星期剛到手的iPad 2。

週日下午的摩斯漢堡，媽媽有些無奈地一根一根薯條沾著番茄醬，餵著汎汎。只見隔壁桌的小朋友個頭看起來和汎汎差不多，但是他卻能夠自己動手拿著薯條沾醬吃，還吃得津津有味，一旁的媽媽則悠哉悠哉地吃著蜜汁烤雞堡。

「汎汎，你看人家弟弟都自己動手吃耶。」媽媽免不了地補了這一句，希望能夠對孩子有所激勵。

「哎！什麼時候這畫面才會輪到我？直接用手拿薯條吃，汎汎都嫌懶，何況還要學會動手拿湯匙吃飯，這可就更難了，更別提以後用筷子。」「難道我要那麼早送汎汎去托兒所嗎？」媽媽突然靈機一動，「托兒所小朋友那麼多，老師哪有那美國時間一個一個餵，說不定送汎汎去讀書，不用多久就學會。」

只是沒多久，媽媽一股疑惑又升上來，為什麼我就不能自己教？我可是他正宗的媽媽耶，如果連動手吃飯我都教不會，那我以後還能教他什麼？

孩子選擇讓你餵，這樣的畫面到底是要告訴我們什麼？請你記得一件事，當你動手做愈多，你愈聰明，孩子愈笨。當孩子依賴你餵他吃飯，試著運用遊戲的魔力，讓孩子因為好玩、有趣，而從被動轉換成主動。

☆ 七點因應策略，提供給你，讓孩子自己動手，為獨立、自主加分。

1. **迴轉壽司**：為了增加孩子自己動手吃飯的動機，建議你以迴轉壽司的概念，試著將飯用成一小口一小口，像壽司一般，或者一小球一小球，像冰淇淋一樣。從視覺上，讓孩子感覺到輕鬆，同時可以猜拳或猜銅板在哪隻手的方式，讓孩子決定每次吃一口或吃兩球。

   讓孩子眼前的食物比照迴轉壽司一般，一小盤，一小盤。讓食物很快在眼前消失，孩子動手的意願就來得高一些。有時一盤一盤解決之後，堆疊起來像高塔總是讓孩子感到成就感。

2. **山底寶物**：讓孩子覺得吃飯是一件好玩、有趣的遊戲。例如，動動腦，和孩子來玩一場「米飯山底的寶物」遊戲。讓孩子猜猜看，藏在米飯山底下的是什麼寶物？是紅蘿蔔、玉米、高麗菜或豆芽菜？讓他在一口一口的吃飯中，去猜想心中的寶物模樣。

3. **超強怪手**：讓孩子想像自己是一台馬力超強的神奇挖土機，他的任務就是駕駛這台挖土機，並將眼前碗中的米飯一口一口挖掘。讓孩子多一點想像，你可以分別讓他用左手、右手操作（吃飯），有時再使用不同的怪手，例如大湯匙、小湯匙或叉子操作（吃飯）。

4. **試吃活動**：你可以主動先餵孩子一口，說：「現在本餐廳正在進行試吃活動，這一口請你嚐一嚐。」隨後，微笑地對他說：「好吃吧，你可以再試一試。」此時，順勢將湯匙交到孩子的手上，再微笑地看著他，同時，你也專注地吃自己的飯，並表露出好吃、美味、樂在其中的陶醉表情。請記得，在這試吃時間內，孩子除了試吃這件事，其他遊戲或活動是不能做的、不能玩的，這是溫柔及必要的堅持。

5. **錯開卡通**：你常常會發現許多幼兒寧可嘴巴張得大大的專心看卡通，但是手是一動也不動，甚至於嘴巴都懶得動。在與強敵卡通相爭之下，父母希望孩子自己動手吃飯的夢想總是容易幻滅？孩子什麼時候吃飯？試著先錯開卡通時間，如果能在孩子肚子正餓的時候，那就最好不過。這時，讓他嘗試自己動手吃飯，父母的勝算機率會比較高。

6.看見自己：在不影響孩子注意力的情況下，你可以用手機錄下寶貝自己動手吃飯的畫面，試著播放給孩子看。對於自己出現在視窗螢幕，有時對於幼兒來說，是一種很大的吸引力。

讓孩子看見自己的能力，讓孩子發現這個能力有時也是相當的容易。容易，孩子就會願意做。看見，孩子就會更想做。

7.鎖定目標：不要太常去糾正孩子吃飯吃得掉滿地，別忘了，你的目的是要讓孩子自己動手來。

不要急，一步一步來，先讓孩子動手成自然。順手順口後，或許以後吃飯就不會如同燒餅掉芝麻。

沉重的紙條，當孩子被懷疑作弊

當孩子被懷疑作弊，對於自尊心強，自我要求高的孩子來說，是一種難以接受的羞辱與煎熬。

「你作弊！老師，林小青作弊，她偷藏紙條，作弊！作弊！」小巫從地上撿起了一張上面寫著密密麻麻的字的紙條，並高舉著，向老師告狀。

「哇！難怪林小青以前的成績都這麼好，原來都是偷看來的。」教室裡一陣鼓譟，同學們竊竊私語。

「安靜！同學們安靜！不要講話，繼續寫你們的。林小青，把考卷拿到前面來，你不用再寫了。」老師板著臉，要求小青馬上繳交考卷。

此時，小青急得哭了出來，她喊著：「我沒有！我沒有！我沒有作弊！」但此時，似乎沒有人願意相信。

「我沒有作弊！我沒有作弊！你們為什麼要誣賴我？我又沒有偷看資料，那明明是之前的資料，我只是把它放在口袋而已，我又沒有偷看，為什麼要說我作弊？為什麼？為什麼？」媽媽隱約聽到房間裡，不時傳來小青帶著憤怒的自言自語。

「爸爸，你去看看小青到底怎麼了，剛剛去敲門也不理我。一回到家，沒有打招呼就直接進房間，用力把門關上，看她回來時，眼眶紅紅的，也不知道發生什麼事。只聽到房間裡像在說什麼沒有作弊？爸爸，你去問問看，快啦！」不知該如何是好的媽媽催促著剛下班的爸爸。

「媽媽，電話，姊姊的老師打電話，要找你們。」客廳的弟弟拿起電話叫喊著。媽媽拿起話筒，在「喂」一聲後，皺著眉頭，聽著話筒另一端老師的抱歉後，說著：「哎！怎麼可以這樣就誤會小青作弊？當時怎麼不先弄清楚，難怪今天她一回來就這麼難過，這小巫也真是的，亂說話對小青是很大的傷害耶！」媽媽有些抱怨。

你的孩子是否曾如同小青一樣，在班上被質疑、誤解，有理說不清，或沒機會澄清而遭受同學的冷嘲熱諷？如此的遭遇，對於自尊心強，自我要求高的孩子來說，畢竟是一種難以接受的羞辱與煎熬。

當孩子在品德上被懷疑時，當孩子努力的表現被扭曲時，當孩子滿腹的委屈與傷心無人可說，無人可聽，我們該如何來陪伴她？

✫ 以下七點建議，提供參考。

1. 敏感孩子的不對勁：當孩子在學校受了委屈，我們是否可以很快地覺察到她的心情異樣。

請仔細留意，孩子回家後的表情是否變了？動作與說話方式是否不同於往常？和我們的接觸是否也被動、沉默了？並非每個孩子都能夠，或願意主動去說自己在學校所經驗的不愉快遭遇。請啟動你的細微觀察，盡可能在第一時間覺察孩子的不對勁。

2. **反映孩子的委屈**：有時孩子在經歷委屈後，短時間裡，常不願意向周圍的人開口說話。

建議你，試著先以文字的方式，無論是便利貼或小紙條，寫下你所感受到孩子的心情，並表達你的願意傾聽。例如，將小紙條，從門縫塞進小青的房間，你在小紙條上寫著：「小青，媽媽感覺你似乎有些委屈，但我不知道你發生什麼事情，媽媽很擔心，如果你願意和媽媽談，媽媽隨時都等著你。」

3. **讓孩子決定說的時間**：讓孩子知道你隨時都在等待她的訴說，同時也請讓孩子自己決定什麼時候告訴你。

多傾聽，不要急著問孩子到底發生什麼事，或強迫她一定要回答你。有時，孩子突然遇見如此的委屈，太多的道理是不容易走進她的思緒。

4. **接受孩子的情緒釋放**：當孩子在學校受了委屈時，傷心、難過、咆哮、流淚或哭泣，是很自然及真實的一種情緒反應。這時，你可以選擇先在一旁默默地陪伴，給予情感上的支持。

再次提醒，先不要有太多的道理，試著讓身體語言說話，接近與接觸孩子，你的輕拍肩膀或張臂擁抱，讓孩子在安全的依靠下，使壓抑的情緒能夠適時釋放。

5. **分享自己的過往經驗**：如果你也有類似的過往經驗，試著與孩子自然地分享。例如，「小青，媽媽在小學六年級時也曾被誤會過，有一天，班上男生發現他不見的筆竟然在我的抽屜找到，向老師告狀，一口咬定說我拿了他的筆。那時，同學們也都這麼認為，連老師也在懷疑，那種不被信任的感覺真的讓人很不舒服。媽媽當時也覺得很委屈，還哭了好幾晚，因為我確定那枝筆真的不是我拿的，但是怎麼解釋都沒有人相信。」

6. **友善環境的重新營造**：請向小青保證，對於這次被誤會作弊的事件，你已經與老師溝通，並在澄清事件的原委後，班上同學已試著去感受被誤會者的心情；同時，明天小巫與老師也會向你道歉。

雖然如此，我們仍然需要去思考，在經歷被同學質疑的眼光、嘲諷、批評、指責與辱罵後，小青明天回到班上後，可能面臨的心理負擔。如何協助小青以正面及勇敢的心情與態度，重新走進原班教室？這是我們可以施力的方向。在小青回到教室時，當彼此澄清誤會後，建議由老師帶頭示範，先主動關注小青的心情，引導熟悉的同學如同以往，持續和小青討論功課，下課在走廊閒逛、聊天，分享所關注的事物。

化解尷尬與委屈，孩子需要一段時間來調適。

7.倒帶演練不同結局及劇情演變：例如，「小青，讓我們試著把事件倒帶一次，回到最原點，並且用最新的方式走一遍，看看整個過程是否會有不同的轉變。」

又例如，像昨天上午一樣，當考試時，筆不小心掉在地上，當你彎腰準備撿起筆時，原本放在口袋裡的資料掉了出來。「小青，你的紙掉出來了。」坐在後頭的小巫提醒她。「謝謝。」小青回應著，在撿起筆後，轉過身，再低頭將資料撿起來，放回口袋。

一切的互動就是這麼的單純、自然，因為事情原本就是這麼簡單。

面對孩子偷竊的自我對話

孩子的偷竊行為，總是讓身旁的大人時常捏把冷汗，擔心哪天孩子真的觸犯法律，被告偷竊，而上法庭被裁定收容，或施以保護管束等後果。

媽媽手拿著阿傑要換洗的制服，但從口袋的面紙中，竟然發現夾著一張一百元的紙鈔，懷疑地問著孩子：「這錢是從哪裡來的？」

望著媽媽手中的紙鈔，阿傑事不關己地回答：「我怎麼知道？那又不是我拿的。你問我？我問誰？」

對於阿傑敷衍、甚至於否認的態度，媽媽這時更是火氣上升地說：「這錢在你的口袋，難道還是聖誕老公公送給你的？如果你不老實說，等你爸爸下班回來，你就知道。」

當老師在電話的另一端告訴爸爸：「阿傑今天又被發現在書包裡藏著同學的立可白及悠遊卡。」希望爸爸與媽媽明天到學校開個案討論會，一起處理阿傑長期的偷竊問題。爸爸百思不解地想著，「他要什麼，我們就給什麼，零用錢每個禮拜也都給，也不愁吃不愁穿，為什麼亂拿別人東西的壞毛病還是改不掉？」

阿傑也很懊惱，為什麼自己多次告訴自己「不要再拿別人的東西，這毛病一定要改。」但他心裡想「為什麼總是改不掉？我到底在幹嘛？」「我一定沒救了，夜路走多必碰鬼，哪天真的被抓到警察局就完蛋了。」

雖然如此，但對於爸媽及老師的詢問，阿傑仍然決定採取一問三不知，抵死不承認的做法。「反正，只要不承認，他們也拿我沒辦法。」這時，阿傑對於偷竊這回事，似乎又覺得無傷大雅，心想「又不是每次都會被發現。」

沒有經過他人的允許，任意拿取對方物品的偷竊行為，對於兒童、青少年在所有權、物權、道德及法律概念等發展中，總是讓身旁的大人時常捏把冷汗，擔心哪天孩子真的觸犯法律，被告偷竊，而上法庭被裁定收容，或施以保護管束等後果，而得不償失。

☆ 臨床實務上發現，父母及老師常苦惱於不知如何處理，及面對孩子的偷竊行為。

1. 父母詢問孩子的二十句話：下列這些自我覺察式的對話，重點在於讓孩子能夠在發生偷竊行為後，嘗試思考及覺察，當時可能存在的想法、感覺及反應，同時讓其思考偷竊行為與行為後果的關聯性。

偷竊的好處是什麼？

偷竊的壞處是什麼？

在什麼情況下，你會想到要偷竊？

偷之前，你心裡會有什麼感覺？（例如緊張、興奮、害怕、開心）

偷之前，你心裡正在想什麼？（例如太好了，現在都沒有人；或我在幹嘛？）

偷之前，你身體會有什麼反應？（例如呼吸急促、臉紅心跳、口乾舌燥、手心盜汗）

正在偷的時候，你心裡是什麼感覺？

正在偷的時候，你心裡正在想什麼？

正在偷的時候，你身體會有什麼反應？

偷完之後（例如三分鐘內），你心裡會有什麼感覺？

偷完之後（例如三分鐘內），你心裡正在想什麼？

偷完之後（例如三分鐘內），你身體會有什麼反應？

偷完之後，你會更喜歡自己？還是討厭自己？

哪一次偷竊讓你印象最深刻？

哪一次偷竊讓你收穫最多？

哪一次偷竊讓你付出最大？

你下一次預計什麼時候會再偷？

為什麼你這麼有把握下次不會再偷？

大人要怎麼做，你才不會再偷？

你自己要怎麼做，你才不會再偷？

如同面對孩子做錯事或說謊時的反應，你最可能面臨的挑戰是，孩子一律以緘默或不知道回應你，考驗你的智慧與耐心。此時你可嘗試同理，換個立場思考孩子不願意開口的原因，或許你會知道如何繼續問下去。

2. 父母詢問自己的二十五句話：如同孩子其他行為表現一般，偷竊行為絕不會僅是他本身的問題。面對孩子偷竊行為，可能讓我們感到生氣、愧疚、挫折、憤怒、自責或不知所措，但請仔細思考偷竊這件事，或許當中有孩子所要傳遞給我們的訊息或意義。

以下二十五句自我對話，與你一起分享與思考，在自我覺察後，關於孩子偷竊這件事。

面對孩子的偷竊，我會有什麼樣的感受？

面對孩子的偷竊，我會有什麼樣的想法？
面對孩子的偷竊，我會有什麼樣的反應？
面對孩子的偷竊，我是否曾經思考過這件事所要傳達的訊息是什麼？
面對孩子的偷竊，我覺得這件事對自己存在的意義是什麼？
面對孩子的偷竊，我是否常處罰優於瞭解？
面對孩子的偷竊，我先前曾經做過哪些事？
面對孩子的偷竊，我是否說的都是同一個道理？
面對孩子的偷竊，我是否曾經嘗試給予同理？
面對孩子的偷竊，我自己曾經做過哪些改變？
為什麼我選擇這些改變？
為什麼我相信這些改變能有效改善孩子的偷竊？
關於這些改變，我堅持多久？
為什麼我能相信孩子一定會或不會再偷竊？
面對孩子的偷竊，我是否曾自省與孩子相處的時間太少？
面對孩子的偷竊，我是否曾自省對於眼前的孩子感到陌生？

面對孩子的偷竊，我是否曾自省我關心孩子的是什麼？

在孩子的成長過程中，我曾經如何引導他理解所有權這件事？

在孩子的成長過程中，我曾經如何引導他理解道德這件事？

在孩子的成長過程中，我曾經如何引導他理解法律這件事？

在孩子的成長過程中，我曾經如何引導他理解金錢與物質這件事？

在孩子的成長過程中，我是否過於以物質滿足孩子的需求？

在孩子的成長過程中，我是否過於以物質填補大人的愧疚？

面對孩子的偷竊，我曾經做過哪些事，使他能夠繼續喜歡自己？

我曾經做過哪些事，使他能夠相信自己有能力有所改變，不再偷竊？

在這些思考之後，接著就是我們得對自己採取改變的行動，如果你希望孩子能夠遠離偷竊這件事。

跳針的生命節奏，遇見口吃的孩子

開口買早餐，對於阿緒來說，是每天一大早的噩夢，也因為如此，阿緒常常索性空著肚子、不吃了。

口吃的問題，當然不是只有在早餐店才出現，在學校，才是阿緒這齣壓力的重頭戲。

「怎麼連說個話都不會，只顧著在那邊我……我……我……到底你要我到什麼時候？」早餐店的老闆有些不耐煩地對阿緒抱怨。

「小朋友，我現在這邊客人很多，你要什麼，想好再說，好不好，我現在沒有那個時間等你。」

「先生，你要什麼？」「原味蛋餅、大杯奶茶、總匯三明治，好，馬上來。」老闆轉個身，對著趕著上班的先生招呼著，此時，阿緒依然愣在原地，吞著口水，緊張得說不出話來。

在這之前，上學買早餐，通常他都不大說話，每次都是直接順手拿著架上的三明治，連想喝紅茶都還不太能夠自在地開口。

有幾回，當阿緒開口「老……老……老……老闆，我要……要……要……一杯小……小……小……小杯的溫紅茶。」這時一旁也等著買早餐，準備上學的小朋友就會噗哧地笑出聲來。這讓阿緒常感到羞愧得無地自容，有時乾脆不買直接離開。

但是這回，阿緒發現架上的三明治都賣光了，眼看著上學也快來不及，但是每次一開口前就想到自己可能會說：「老……老……老……老闆……」或「我要……要……要……」阿緒就開始冒冷汗、雙手搓揉著、猛吞口水。

阿緒心裡有些抱怨，「媽媽為什麼不準備早餐，也不幫我買，還特別要我練習自己開口說，我就是說不出來，怎麼說？」

自己開口買早餐，對於阿緒來說，是每天一大早的噩夢，像烏雲籠罩般，也因為如此，阿緒常常索性空著肚子、不吃了。

口吃的問題，當然不是只有在早餐店才出現，在學校，才是阿緒這齣壓力的重頭戲。

老師很清楚阿緒的口吃，對他在班上的人際互動產生很大的障礙，她發現阿緒總是自己一個人，愁眉苦臉地看著同學玩，偶爾幾回同學故意捉弄他，老師卻發現這還是阿緒講話比較順暢的時候，「你……你……你們為什麼要欺負我，真是可……可……可惡，走開，我不要跟你們玩。」但這也是他的心情最沮喪、憤怒的時候。

老師為了瞭解口吃對於阿緒的心理影響，還特別去百事達租了《王者之聲：宣戰時刻》的電影ＤＶＤ來看；同時，也私底下和阿緒分享影片裡的主角，英國國王喬治六世如何戰勝自己的口吃問題。只是，老師發現阿緒似乎很難體會她所要傳達給他的訊息，以及如何試著接受、挑戰自己的口吃問題。

阿緒時常懊惱與不解，怎麼自己說話就像爸爸常說的「活像下班尖峰時間的忠孝東路，塞車塞得走走又停停，車流不順暢。」阿緒自己也知道，每次一句話說完，就像是倒抽一口氣，心情稍微一放鬆，只是沒多久，一顆心又馬上糾結起來，因為對方立即又問他。

阿緒最後乾脆在教室不說話，這樣反而樂得輕鬆、自在，也不會有人模仿、嘲笑。

☆ 以下六點，希望能解決阿緒的難題。

1. **心裡預演**：引導孩子在說話前，先把想要說的話，在心裡面先預演一遍又一遍。如果能有說話的畫面最好。讓孩子傾聽自己心裡默念的聲音，試著去感受一下，那聲音可能呈現出來的模樣。有畫面，對於面對口吃的壓力會較緩和些。

2. **聽見自己**：有時孩子自己一個人自言自語，反而發現自己的表達突然變流暢。試著運用現有的科技產品，無論是一般的錄音筆，或者iPhone裡的語音備忘錄都行。

試著錄下孩子的聲音，隨後再放出來，回饋給自己聽。同時，肯定自己能夠有説話流暢的時刻。

3. **朗讀歌唱**：為了讓孩子能夠感受到自己開口説話的流暢性，唱歌或朗讀文章是一個方式。

口吃的孩子往往伴隨著焦慮，因此，在處理這些焦慮時，漸進式是一個主要的法則。平時先讓孩子私底下練唱兒歌或流行歌曲都行，朗讀繪本或説故事也可以，但請一步一步來，視孩子抗壓的反應，再逐漸增加在別人面前開口説話的機會。

4. **靜心等候**：對於受到口吃困擾的孩子來説，聽者第一時間的反應，往往直接影響到他後來的表現，所以不要急著要孩子趕快説，例如，「段緒，你説快點，不要支支吾吾的，後面還有好多組要報告。」當這樣的催促在全班面前出現時，會讓孩子説話的流暢性表現，因緊張而更加難以發揮，如以阿緒的例子，這時他就容易出現在第一個字一直原地踏步，有時甚至出現第一個字很難發出來的窘境。

你的靜心等候，將是對口吃孩子的最大同理。

5. **學習放鬆**：如何讓自己學會放鬆，有效因應開口說話的壓力？是許多類似阿緒這樣口吃的孩子需要學習的一道課題。例如教孩子在面對班上同學報告時，眼神可以先注視在特定、熟悉、友善或向你微笑的對象，讓自己感到較為輕鬆，隨後再適時轉移到不同的人。

說話時，手上可以試著拿一枝筆，將注意力聚焦在筆上，藉由注意力的轉移，讓自己放鬆，也可以在教他說話時，告訴他身體可以依靠著或手輕撫著桌子。當然，如何深呼吸，調整自己的心跳節奏也行。

6. **情境說話**：許多口吃的孩子，在家裡或醫院進行說話練習後，往往容易面臨一種無法順利轉換情境的問題，也就是說，每個情境都有他需要的因應狀況，這就像有的孩子在醫院的治療室裡能夠流暢地說，但是回到生活經驗上，例如買早餐，可能又無法把流暢性類化及延伸到這情境來。

這多少也可以令人感受到，為什麼阿緒的媽媽會要求他自己開口買早餐，而讓阿緒體會殘酷的經驗。因為媽媽知道，如果阿緒在現實生活的每個地方都能夠順暢開口表達，那麼這學起來的經驗就會是他自己的。

不看你的眼

小瞳瞳的眼神一直無法自在地看人這件事，常常讓小瞳瞳的媽媽夜裡很難入睡。

幾經掙扎，小瞳瞳的媽媽決定勇敢面對。

「小瞳瞳，眼睛看媽媽喲，來看這邊，眼睛看這邊喲。」媽媽費盡心思地，一次又一次期待剛滿一歲半的孩子能夠注視著自己的眼神。

媽媽滿是著急，她很擔心自己的小瞳瞳是不是哪裡不對勁，「報章雜誌還有網路上不是都有在報導什麼自閉症？亞斯伯格症？小時候眼神都不看人。」「不會、不會，我的小瞳瞳不可能是這種問題。」媽媽試著壓抑自己心中那股說不出所以然的憂慮。

「哎呀！你在緊張什麼，小瞳瞳現在才幾歲？眼睛不好意思看人又不會怎樣，每個孩子有的活潑，有的害羞，長大自然就會好啦！他爸爸以前不是也一樣害羞、不看人。」婆婆試著以無所謂的態度，想說服媳婦不要這麼乾著急，而且她也認為這有什麼好急的。

但是小瞳瞳媽媽很清楚一件事，「我聽過大隻雞慢啼這件事，往往耽誤了很多孩子的進步，特別是在所謂的黃金三年。如果我現在把小瞳瞳不敢看人這回事也這麼把它放著不管，那後果還得了？」

小瞳瞳是家中唯一的孩子，對於生完他，改為全職的媽媽來說，在教養與照顧小瞳瞳的功課上，自己認為很是認真。對於常上網搜尋教養資訊，已相當熟悉的媽媽來說，小瞳瞳的眼神一直無法自在地看人這件事，常常讓她夜裡很難入睡。

「爸爸，怎麼辦？小瞳瞳現在還是不太看人耶，我真的很擔心。該怎麼辦？」媽媽唯一能夠抒解情緒的窗口似乎只剩下爸爸這一道，只是先生冷冷的反應：「喔？」讓她心有點涼，有些失落與無助，但她不想要讓這種情緒持續影響著自己，甚至於妨礙到小瞳瞳的成長。

「我不敢想像，如果將小瞳瞳現在眼睛不看人的問題視而不見，任由他自己發展，那長大後一切會變得怎麼樣？」

「對於不能叫的鬧鐘，有時還得費一點小力敲敲看，說不定它還能響，但這終究還是有一些付出，至少你還做了敲一敲的動作。」

「我如果對小瞳瞳的發展放任不管，這對於需要父母陪伴成長的孩子來說，是多麼地殘忍與不公平。」媽媽心中堅定地告訴自己：「我不想要這樣！」

就像老一輩常以大隻雞慢啼，來看待孩子發展緩慢的現象。「他爸爸小時候還不是這樣？」一句簡單的話，就將這些遲緩的憂慮暫時擱置到旁邊，一切等以後再說，長大自然就會好？

但是，如果把大隻雞放著不管，可是牠長大後不啼呢？這就像小瞳瞳媽媽在擔心的事情，如果孩子長大後眼睛還是不敢看人，那怎麼辦？別再聽老一輩說什麼了，也別再說大隻雞慢啼，這是許多關心早期療育服務者最害怕聽到，也最不想聽到的一句話。

小瞳瞳媽媽決定把握這黃金的關鍵期，她知道小瞳瞳眼神不能夠自在地注視對方，一定有他想要告訴大人的一些訊息，只是孩子現在還小不太能夠表達。

比較讓媽媽放心的是，小瞳瞳的語言表達與理解還順利，同時也願意、能夠跟她玩。

☆ 媽媽決定開始行動，為小瞳瞳的成長努力做點事，除了先尋求早期療育的評估，以澄清孩子在各領域的發展狀況外，她打算就先從眼神注視的訓練開始做起。

1. **友善的視線**：平行的視線，總是讓孩子感覺到最友善。調整自己的高度，試著讓自己的眼神以平行注視孩子，有時你甚至需要趴下來、蹲下來、坐下來，特別是當孩子年紀小時。

2. **移開刺激物**：有時孩子容易受到一旁刺激物的影響，你和他說話時，他總是將視線停留在其他事物上，試著將這些容易吸引孩子注意力的刺激物，移開他的視線外，以減少他的分心。

3. **刺激擺中間**：另外一種做法，乾脆將吸引孩子的刺激物，擺放在你和他的視線之間，例如和孩子說話時，刻意把吸引他的小車子，拿在自己的臉旁。讓他在看小車子時，一邊和他說話時，一邊看見你。

4. **捲筒望遠鏡**：運用遊戲總是能夠降低孩子的焦慮，當孩子眼睛不敢看你時，順手捲起一張紙，或把書本捲起來變成望遠鏡，故意趨近孩子，看著他，或讓他從捲起來的洞口看著你，與孩子一起玩眼神相互對視的遊戲。

5. **彩繪你的臉**：發揮創意，彩繪自己的臉，讓孩子對你特別的臉感到好奇與興趣，但色彩千萬不要嚇到孩子。

當然你也可以請他為你化化妝、打打粉底、擦擦口紅，這時孩子通常會注意看你。

6. **貼紙遊戲**：將吸引孩子注意力的貼紙圖樣，貼在自己的臉上，你可以請他幫你撕，孩子喜歡玩這樣的撕撕貼貼的遊戲，邊玩邊看你。

7. **鏡中遇見你**：你可以在刷牙、洗臉或坐電梯時，一起與孩子照鏡子，讓他從鏡子中注視到身旁的你和眼神。

8. **眼神開口說**：注視著孩子，先不急著與他說話，當他眼神注視著你時，再開口。有時你的不說話，由於他不知道你要做什麼，反而容易讓孩子特別注意你。

9. **緊緊握住你**：當孩子想拿走你手上的物品時，請記得看著他，並緊握著手上的物品不放，除非孩子的眼神注視著你，再將手輕輕放開。

10. **舒服的距離**：有時適度的距離，能夠讓孩子的注視感到舒適、自在些，你可以多與孩子一起玩丟、接球或互推小汽車的遊戲，試著以不同的距離讓他當試看著你。玩，總是能夠讓孩子失去戒心。

11. **微笑看著你**：微笑，總是拉近彼此的最有效利器。多微笑看著孩子，你的笑容終將吸引孩子眼神的注視。

12. **眼神的祕密**：幫孩子說說他的感受，例如「媽媽覺得你眼睛看人時，可能會感到有些不自在，但媽媽很喜歡你的眼睛，也喜歡你看我的樣子喲。」

心受傷的獅子王

或許你常這麼想，不打，怎麼辦？說又說不聽？但大人動手打小孩往往已經告訴孩子「自己已經沒招了」。

「打一打，才會聽。」如果你這麼想，那麼也就可以預期孩子會怎麼想。

走廊上，武強握起拳頭，猛力地往言鑫的胸前揮了兩拳，正好被老師撞見。

「你在做什麼？為什麼要打吳言鑫？」

武強有些憤恨不平的說：「誰叫他愛管閒事，我功課沒寫關他什麼事，活該。」

操場邊，武強拾起掉落的樹枝，朝陳有諒面前揮舞著，有諒左閃右躲直嚷著：

「不要！不要！走開啦！杜武強。」不一會兒，有諒痛得嚎啕大哭，引來一群同學圍觀。

老師把武強叫到跟前，神色有些凝重地問著：「你在幹什麼？一下子欺負吳言鑫，一下子又刺傷陳有諒？」「你知不知道，陳有諒的媽媽等一下就會到學校，我也已經打電話通知你媽媽，我看你到時候怎麼解釋？」

武強有些不服地說：「我又沒怎樣？我是在跟他玩，我並沒有要欺負他。誰叫他躲來躲去，才會不小心刺到臉，又不是我的錯，為什麼要怪我？而且才刺一下而已，又不會痛。」

武強放學後最大的娛樂就是上網連線玩ＣＳ槍戰，有時家裡不准他玩，自己乾脆偷跑去網咖。對打中，武強喜歡把喇叭音量開到別人能夠忍受的最大分貝。如果一旁有人嫌干擾太吵，乾脆直接戴上向老闆借的耳罩式耳機，讓自己陶醉在槍林彈雨的身歷其境中，久久無法忘懷。

武強喜歡任何與攻擊有關的玩意兒，他也學網咖的人說這是黑色的暴力美學。當他這樣去想時，雖然懵懵懂懂，但照字面聽下來，還挺有感覺的，只是這些感覺說不上來是什麼。

當然，主要的原因，還是放學回到家，總是空無一人。爸媽在夜市的生意都得忙到半夜才回來，高二的哥哥則是在補習班要待到九點。

武強深信在他們班上，用拳頭真的能夠讓同學服服貼貼，雖然他常因為與同學出現肢體衝突，進出輔導室很多次，但他卻不覺得怎麼樣。反而是同學因此在私底下稱呼他為獅子王。必要時，還有求於他。

從小以來，武強就是吃軟不吃硬。武強的脾氣很倔強，這點爸爸很清楚。爸爸深知，從小自己對於兩兄弟，有著兩套不同的標準。對哥哥文強，爸爸很少動手要求。當然，理由是文強功課都能維持在前五名，日常生活上也相當主動，根本不需要爸媽操心。但武強就不一樣了，爸爸發現這孩子的個性跟自己很像，固執，不太容易妥協，對很多事情也往往存在著不滿。

武強曾經反駁：「為什麼我打同學不行？你打我就可以？」爸爸回他：「我是你爸爸，辯什麼辯？」武強打從心底就不服氣，心想：「等我有一天長大你就知道，現在你打我，等到我長大比你高、比你壯，你就知道。」

「這孩子從小就讓我很頭痛，打也打了，罵也罵了，但就是不把我這老爸的話當作一回事。」「以前這孩子還敢搶我手上的衣架子，還想對我動粗，真是吃了熊心豹子膽，不好好修理他怎麼行？」

「我看武強都被你打壞了，你看他現在動不動就發脾氣，出拳動手。老師都已經反映，同學家長也在抗議，現在班上也沒有什麼人願意和他在一起。」「你要不要找個時間和武強談一談？」媽媽擔心地問著。

「談什麼？你又不是不知道，他多久沒跟我開口講話。市場生意那麼忙，每次收攤回來後，我都累得呼呼大睡，怎麼談？」但媽媽焦急著說：「可是這樣也不是辦法，你們倆關係不改變也不行，難道要等到他以後出事情。到時，後悔就來不及了。」

✰ 究竟該如何處理，才能讓武強改善？

1. 暴力示範禁止：暴力在告訴我們什麼？其實每個有暴力傾向的孩子底下都有顆受傷的心。暴力存在著一種惡的循環，雖然大人不希望孩子出現暴力，但孩子又常常模仿大人。如果你不希望孩子變成那副暴力的模樣，最好的方式就是自己不要做出這個錯誤的示範。

2. **招數已盡**：或許你常這麼想，不打，怎麼辦？說又說不聽？但大人動手打小孩往往已經告訴孩子「自己已經沒招了」。「打一打，才會聽。」如果你這麼想，那麼也就可以預期孩子會怎麼想。

3. **打要教什麼**：「我們以前不就是被一路打上來，你看哪有變壞？」「現在的孩子就是沒有打，才會對大人沒大沒小，才敢頂撞大人。」打小孩，你到底要教孩子什麼？請教教孩子，或與他腦力激盪除了暴力之外的問題解決方式。

4. **暴力在身邊**：孩子是否容易被暴力吸睛？暴力卡通、漫畫與影片對於成長中的孩子來說，到底從中要學習什麼？武打技術？血脈賁張的畫面？影片的分級、篩選與過濾的確有其必要性。

請試著慎選孩子所接觸的影像媒介，否則長期耳濡目染所產生的負向能量將非常難以想像。

5. 傾聽疑惑：孩子可能會質問你，「如果不能有暴力，那為什麼電影裡都還會演？」「為什麼有那麼多同學在玩楓之谷打怪遊戲？許多國中、高中的哥哥不是都在玩CS、SF槍戰？」大一點的孩子可能還會脫口說出暴力美學這四個字。或許你會覺得孩子幹嘛問這麼多為什麼，請先不要急著否定孩子的想法或疑問，試著聽聽看他怎麼說。

6. 溫柔設限：試著反映孩子對於暴力的感受，表達你的限制，並給予其他選擇。例如，「爸爸知道當你在玩楓之谷、看遊戲王會讓你感到很刺激、興奮，但這並不表示你就可以任意使用這些方式去對待別人。你要玩線上遊戲可以，但只能在摩爾莊園或賽爾號當中二選一。」讓孩子瞭解無論任何理由，使用暴力就需要承受代價。

7. 尋找偶像：陪孩子尋找屬於自己的正向偶像，例如像哈利波特一般會運用魔法，但卻不是以武力攻擊。讓孩子從這些角色中，發現正向的能量。

青春心靈的分裂式

當你發現孩子出現精神分裂症的妄想內容時，無論這些內容多麼地與現實脫節，請記得勿與孩子爭辯，例如「又康，門外面根本就一個人影都沒有，你在害怕什麼？這明明是你自己在想像，別把自己嚇壞了。」

你的爭辯，將使孩子的思緒更為混亂，有時反而更讓他信以為真。

「怎麼辦？又康把自己關在房裡已經好幾個小時沒出來了。他現在突然變得不愛說話，也不理人，臉部表情也變得怪怪的，有時沒有表情，有時又突然對著窗外傻笑。最近看他在客廳走來走去，動作突然變得好緩慢。爸爸，這到底是怎麼一回事？怎麼會這樣？這好像不是我們家的又康。」媽媽擔心、著急得直落淚。

「他以前不是這個樣子的，怎麼會這樣？是不是碰到不乾淨的東西，爸爸我們要不要去龍山寺那邊收收驚，祭一祭啊！」

媽媽持續流著淚：「又康已經好幾天沒有去上學了，現在國三基測考試又快到了，該怎麼辦？爸爸，是不是又康的壓力太大？不然，我們把他的補習班停下來好了，不要補算了，好不好？」媽媽思緒相當混亂，但只見爸爸也搖頭不語，無奈嘆氣，不知道該怎麼辦。

「爸爸、媽媽快來，快點來！」「哥哥躲在桌子底下害怕得發抖，快來，快點來！」小六的弟弟驚慌地大聲呼叫著。

這時爸媽不時聽見又康惶恐地自言自語：「你不要過來，你不要過來，不是我害的，你不要過來！」爸媽轉身四處察看，房間裡除了他們一家四人，現在並沒有其他人，而且現在還是大白天。

「爸爸，又康是不是中邪了？看到不該看的？這裡只有我們，沒有別人啊！」

媽媽試著想向前安撫又康，這時只見又康歇斯底里地大叫：「不要過來！不要過來！」並激動地把桌子底下的東西丟向媽媽。

「又康！又康！不要這樣！不要這樣！你會把媽媽嚇到！」這時媽媽淚流滿面地痛哭，弟弟則嚇得躲在爸爸的後面，久久不敢出來。

「我們是不是該叫救護車，送又康到醫院掛急診？」爸爸問著。

「為什麼？」媽媽不解地問：「他又沒有生病，為什麼要掛急診？」

「我想，真的是該帶又康去看看精神科，不能再讓他這樣亂下去，否則後果難以想像。」爸爸為難地說。

其實這一陣子，爸爸心中一直忐忑不安，看著又康最近的精神狀況變化，讓他的記憶很快地倒帶到自己高中時，看見二叔叔的模樣，當時二叔叔在家也是類似這樣語無倫次，總是認為周圍有人要傷害他，不時打電話報警，弄得當時家裡常有警察來問。

當時，二叔叔整晚自言自語不睡，讓媽媽擔心地哭了好幾天。最後，因為二叔叔一直聽見有人要陷害他，自己從廚房拿了菜刀、水果刀放在床上。那時，深怕二叔叔發生危險，所以送他去當時的療養院，醫生診斷為精神分裂症。

想到這裡，又康爸爸的心，很痛、很痛。

精神分裂症，常被形容與自閉症僅一線之隔。精神分裂症總是容易在青春年華發生，妄想與幻覺常互相交織出現，是診斷的主要症狀。

真真假假，假假真真，現實與虛幻總是無法劃清界線。當然，當事人一切總是偏執地信以為真。無論是偉大的想法，無論是關係的發生，無論是擔心受陷害，無論是宗教的狂熱。

思考與語言，如同電腦遭受病毒侵襲般，使得程式語言大亂。有時，當機無言語；有時，答非所問，邏輯不通，組織混亂。平板的情感，貧乏的語言，泡水木炭般的無動機，總是讓精神分裂症的社會功能，有如土石流傾瀉退化。

✡ 當你身旁的孩子，經過醫師診斷後，深受精神分裂症困擾、折騰時，以下五點叮嚀，提供給你。

1. **請勿爭辯妄想內容**：當你發現孩子出現精神分裂症的妄想內容時，無論這些內容多麼地與現實脫節，雖然你很清楚這些內容是虛假的，不是真實的。請記得勿與孩子爭辯，例如「又康，門外面根本就一個人影都沒有，你在害怕什麼？這明明是你自己在想像，別把自己嚇壞了。」你的爭辯，將使孩子的思緒更為混亂，有時反而更讓他信以為真。

2. **同理妄想的經驗感受**：當孩子深陷精神分裂症的困擾時，有時候他的妄想內容，例如看到穿白衣的女人在窗外走來走去，似乎拿著水果刀要對自己不利時，這畫面往往會讓當事人感到相當真實，同時進而衍生出相當害怕及恐懼的情緒。請試著同理及接納這些感受，就如同發生在自己身上的感覺。

3. **訊息單純化**：當與精神分裂症孩子相處時，請在訊息提供上盡量維持單純化。不要使用太多情緒性的字眼或激烈的動作，或太過冗長、複雜的對話。請記得當刺激太複雜，有時包括你或老師、同學說的話或反應，總是容易使他們在訊息處理上更加混亂，甚至讓他們更感到焦躁與不安。

4. **有事做，預防退化**：為了預防孩子因為精神分裂症，導致在社會功能上逐漸退化，例如開始不與家人或同學互動、說話內容變少了、表情變僵硬了、許多以前熟悉的活動停擺了，甚至蜷縮在自己幽暗的心靈角落。請盡量在孩子的能力範圍內，讓他有事做，讓他活動起來。

規律的生活與節奏，是這些孩子必要的。但請記得，在活動內容的拿捏上，別成了他的另一道壓力。試著讓孩子做原本自己就喜歡或感興趣的事，或鼓勵他回到學校參加社團。樂在其中，壓力相對就會放鬆。

5. **有你的陪伴，真好**：我們的孩子，非常需要情感與友伴的支持。在班上，友善的人際支持對於精神分裂症孩子是相當重要的力量。在親密人際圈的運作上，請老師主動協助安排，選擇兩至三位特定的友伴、一群熟悉他、接納他、能夠同理他的同儕夥伴。

當孩子的人際關係如同旋轉木馬般持續地轉動，我想，這會是他們幸福的能量。

負向思考像蟑螂

在兒童青少年的諮商服務中，負向思考常常如同蟑螂一般，躲藏在這些孩子的心靈角落裡，總是神出鬼沒地流竄。

在孩子不經意的地方，在他們不假思索的時候，負向思考就一一出現。

「我一定考不好啦，慘了，回家一定會被爸爸罵。」正宇雙眼瞧著講桌前，準備發下考卷的老師，喃喃自語：「怎麼辦？老師一定考得很難，昨天背的，待會一定忘光光，寫不出來，我一定完蛋了。」雖然，昨晚正宇已經在書桌前，努力準備了三、四個小時，但心裡不時浮現惱人的聲音，讓他焦慮得快喘不過氣，甚至心裡不斷喊出，「放棄吧！正宇。結局已經很明顯了，努力也沒用啦！」

「你千萬不要找我喲，叫我去跑大隊接力，你不怕我拖垮全隊，這我可負擔不起喲，不要！不要！千萬不要找我！」

班長一臉狐疑地望著正宇說：「可是你跑得很快啊！這點大家都知道，而且讓你跑最後一棒，我們這班才有勝算啊！來啦！來啦！加入比賽啦！」正宇仍然面無表情地猛搖頭，拒絕班長的邀約。

正宇對於許多發生在自己身上的事情都不滿意，他始終認為別人對自己總是有意見。「我作業遲交關他們什麼事，幹嘛一直看著我，簡直就是在嘲笑我，甚至於希望老師最好在放學時，把我留下來罰寫功課，這樣他們最高興，可惡！」鄰座同學一臉無辜地望著板著臉、氣呼呼地瞪著他們看的正宇，但是始終不知道到底發生什麼事。

爸媽對於正宇的敏感，其實一直感到頭痛，且束手無策。

媽媽總是苦口婆心地告訴正宇：「你不要這麼想嘛！別人又沒那個意思，凡事往好的地方想嘛！不然你會很累的。」但是這些話，聽在正宇的耳裡，似乎起不了作用，連帶地，媽媽也快舉白旗投降。

在兒童青少年的諮商服務中，負向思考常常如同蟑螂一般，躲藏在這些孩子的心靈角落裡，總是神出鬼沒地流竄。在孩子不經意的地方，在他們不假思索的時候，蟑螂思考就一一出現。大多數的人不喜歡蟑螂，總在看見的時候，感到渾身不自在，負向思考也是一樣，出現時，總是壞了孩子的情緒反應。

遇見蟑螂，你很難視而不見。遇見蟑螂，你很難不去理會。遇見蟑螂，你可能拔腿就跑。遇見蟑螂，你可能大聲呼叫。當然，遇見蟑螂，你也許會憤而拿起拖鞋，奮力一搏。

✰ 當孩子遇見負向思考？你可以怎麼做呢？

1. **將思考寫下來**：有時你會發現，當提醒孩子不要用那麼負面的態度去想事情時，他總是一概否認，自己又沒有這樣，是你想太多。將孩子的思考寫下來，先從大人開始練習做起，從你所記錄的字裡行間，讓孩子逐一去發現那不經意出現的灰色念頭，到底是哪些。

記錄下來、書寫下來的好處，在於可以仔細地去檢視這些如同蟑螂般的念頭。例如「反正，一定沒有人會想要跟我同一組，找了也是白找。」關於負向思考這件事，需要先讓孩子練習自我覺察。

2. **尋找化身蟑螂**：如同本書〈「完美」全館七五折，拍賣中〉一文中，談及孩子的完美要求時所提到，細節裡總是藏著不理性的惡魔。這些惡魔總是化身成各式各樣的字眼，如同蟑螂一般躲藏在語句裡的各個角落，讓你不容易自覺而影響孩子的思考、感覺與行動。這些字，例如，「一定、都、必須、每次、所有、全部、應該、總是、無所謂」等，往往存在著二分式的觀點，讓孩子常存在著不是黑的，就是白的極端想法。在這兩個極端，孩子往往缺乏彈性去面對各種情境的變化與挑戰。因此，當你在書寫、記錄後，試著開始去圈選出這些化身為蟑螂的字。

3. **轉換全新解釋**：對於孩子習慣性的負向思考，例如，當作業缺交，望見同學眼睛注視著自己時，試著從原先的認為被嘲笑、同學期待自己被處罰，而對於自己不利的想法，轉成為：「雖然今天作業遲交有些不好意思，但同學看著我的眼神，讓我覺得在班上還是有人會關心我、留意我。」

如果你發現，孩子一開始無法進行類似的正向思考的解釋轉換，或許你可以先進行示範。又例如，在大隊接力這件事情上，將原先認為自己會拖垮全隊，試著將想法轉換成「同學對我這麼有信心，且期待我跑最後一棒，我想，一定是我先前的表現讓他們印象深刻。或許，我盡我所能，說不定這次能夠為班上帶來新的成績，跑進決賽也說不定。」

4. 正向思緒倉庫：當孩子在生活中，總是傾向於用灰色的眼光看待周遭的事物，或許這當中也在告訴著我們，孩子的思緒倉庫裡，是應該存一點帶著正向能量的話語。建議你，在蓄積這些正向的話語時，你可以在平時透過各種書報雜誌、網路文章、影片對白等，從中記錄、收集並轉換給孩子。

當然，如果能夠引導孩子自己學習如何去尋找這些正向能量的話語，會是更棒的一件事。例如，在電影《三個傻瓜》（3 Idiots）中所出現的經典對白，「心是很脆弱的，要記得時常安撫它！」「專心追求卓越，成功自然就會跟著你！」「把你的熱情所在變成你的工作，那麼工作就會變成遊戲。」等。

5. **拖鞋拍板控制**：當孩子不時出現負向思考，且尚無法翻轉蟑螂時，就如同他還無法將負向思考轉化為正向思考前，建議你試著引導他使勁運用自我對話，例如，「鬧夠了！鬧夠了！這些想法有完沒完，真的鬧夠了，可以了，可以停止了。」就如同使勁拿起拖鞋，用力往蟑螂身上一拍，事先練習讓自己的負向思考在你的腦中被拍住，不再恣意浮現。

這些自我對話，試著先讓孩子練習大聲地說出來，在說的過程中，嘗試練習控制這些念頭不再浮現。至於自我對話的內容，以孩子能夠瞭解並熟悉的話語進行練習即可。隨後，從脫口說，再慢慢調整成在心裡面說。

之四

陪伴，讓孩子更能面對未來

時間田，有效做好時間管理

你是否發現，孩子總是在時間的運用上，顯得一團混亂？

時間管理如果做得好，每個人會發現自己就會多出許多時間，做你喜歡的事情。當然該要做的事，無論是緊急的、重要的，你也都仔細地顧慮到，而不會有所遺漏，或優先順序分不清。

「長浩，你怎麼還不睡覺？現在都已經快十二點了，明天還要上學，趕快去睡覺。」「你現在在幹嘛？你不是放學回來就一直在忙嗎？學校有這麼多事情？」媽媽關心地問著在書房，就讀高二的長浩。

「不行啦！我還有好多事情都沒做完，現在還不能睡啦！」長浩一邊整理抽屜的文具，一邊回應著。

「時間很晚了，明天再整理文具就好了，你現在幹嘛花時間在這上面？睡覺要緊，不然明天你沒精神怎麼上課？」媽媽催促著長浩。

「好啦！我快好了啦！媽媽，你先去睡啦。不要管我啦！我等一下還要背明天要考的英文單字。」

「你要背，為什麼不早一點背？你現在竟然還在整理文具，那你是幾點才要開始背？你是都不用睡覺了？」「趕快去背一背，不然就去睡覺，明天早上再背，有沒有聽到？」媽媽叮嚀著。

長浩有時覺得自己像是蜜蜂般，感覺好忙好忙，有時他會想，奇怪，我這麼忙，好多事情要做，但為什麼明理和阿倉總是顯得老神在在，一副輕鬆的模樣，老是找我打籃球，時間怎麼那麼多啊！長浩百思不解。

長浩有些睡眼惺忪，清晨五點半起床，希望能早起背背單字，但是當他一翻開英文課本，又覺得時間有點早，索性先跑去整理書包。長浩井然有序地將課本一本一本放好，也順勢地把陽台上的盆栽澆澆水。

長浩很滿意地對自己說：「不錯，今天早上可做了不少事情，現在終於可以來背背單字。」他一邊吃著早餐，一邊背著英文時，覺得時間有點不夠用，但糟糕的是，他突然發現，老師在一個月前交代，全班同學今天要交的期中報告，自己卻忘了做。

「長浩這孩子是很聽話，對事情也很負責，只是怎麼老是覺得他不知道在忙什麼？一下子上網查資料，一下子又在背英文單字，沒多久又在整理架上的書，或花時間把文具分類、擺好，怎麼淨做些不重要的事情，難怪老是抱怨沒時間。」媽媽疑惑著。

你是否發現，孩子總是在時間的運用上，顯得一團混亂？時間管理如果做得好，每個人會發現自己就會多出許多時間，做你喜歡的事情。當然該要做的事，無論是緊急的、重要的，你也都仔細地顧慮到，而不會有所遺漏，或優先順序分不清。

☆ 以下八點建議，讓孩子開始學習時間管理。

1. **時間田**：拿出筆，在紙上畫出一塊田，田字裡的四個口，劃分成四個象限。

區分緊急、不緊急，重要、不重要。左上角，既緊急又重要，當然這件事情非做不可，就像焦點紅心。右上角，緊急但卻不重要，這應該花掉你的時間少一點，就像麵包屑。左下角，不緊急卻重要，這就得像鴨子划水般慢慢思考。右下角，不緊急，也不重要，這應該列為拒絕往來，好比小魚乾好了。

瞭解你的時間田，你的時間都是用在哪一塊？

2. **聚焦紅心**：請把你腦袋思緒最清晰的時間，留給左上角，動手做既緊急又重要的事。時間管理要發揮到最大的極致，首先你可能需要很清楚知道自己的目標在哪裡，你的紅心要很清楚。

如果你真的無法鎖定你的紅心，試著與你的父母、老師一起討論，試著列出三至五項，再從中去排列你的優先順序，讓焦點紅心逐漸浮出。

3. **鴨子划水**：有些事情對你來說很重要，但是時間並不緊急。這時，你就可以細水長流，像鴨子划水般，仔細去進行，一步一步去累積，一點一滴去完成，等時間到了，也順勢把重要的事情做完。

4. **零碎麵包屑**：如果你感到有些疲憊，發現效率在遞減，除非你選擇休息恢復元氣，不然建議你，試著做緊急卻不重要的事。

零碎時間有如麵包屑，慢慢累積多了其實也很可觀。重點是，有時效性的事情你可以如期做完。

5. **小魚乾**：請記得小魚乾時間，都不在你考慮的範圍內。你的時間會不會像沙子一樣都倒在右下角？如果是這樣，你就很難看見任何成效，這就像在乾枯的沙漠想要養魚，魚沒養到，終日太陽曬，小魚乾卻多了不少。

時間能不能有效管理？答案當然是肯定的。時間是對每個人都一樣公平的事。不要再抱怨沒時間，其實常常是我們把時間用在不該用的魚乾區，常常花時間做一些既不緊急又不重要的事。

當然，你會催眠你自己，告訴你自己小魚乾可以抒解壓力，但當生活中，放眼望去都是小魚乾，那麼你的時間田就沒辦法在紅心區有所成就。

6. **沒關緊的水龍頭**：有時，你太沉醉在不同活動之間的轉換，常常從這一點跳到另一點，往往讓我們感覺到一種假象，像是同時做了好多事，但每件事情似乎又都留一個尾巴，最後什麼事都沒有完成。

沒錯，也許你覺得在不同的事情上轉換，能夠為你帶來新鮮感與樂趣，但是，除非你的轉換與調適能力好得沒話說，不然，每次的轉換，就得耗掉你一些調適的能量。這些就像你沒關緊的水龍頭，不知不覺中，你漏失的水量，一個月累積下來將非常可觀。

7. **同類打包**：請記得將類似性質的事情集中起來，打包一起執行，例如一口氣把課堂上需要準備的簡報PowerPoint檔，同時一次處理。或者上網搜尋資料一次處理，有時連回覆簡訊或電話，也同時集中起來一起進行。

8. **預設打包時間**：打包也要有時間限制，雖然，卯起來打，有時讓自己很過癮，可以測試自己的電池蓄電力有多久，但是人畢竟撐久了，腦筋鈍了、身體倦了，效率也會隨時間遞減。

給自己預設一段打包時間，例如半個小時或一個小時，這樣自己在時間掌握上也比較有節奏。

上學，三千公尺障礙賽

媽媽曾經試著幾次讓南南到學校，但每次在進入教室前，她總是不時地蜷縮在媽媽的背後，並緊緊地抓扯著媽媽背後的衣襬，不願跨進教室一步。

「我要睡覺，我不要去學校，我想要睡覺。」南南仍然緊閉著雙眼，翻過身子繼續躺在床上。

當媽媽用力搖著她：「上學囉！南南，該上學囉！快遲到了。」媽媽有氣無力地，不知道該怎麼辦。這是已經開學一個多月以來，幾乎每日持續在上演的戲碼。

「都是你把她寵壞，上學就上學，哪有動不動就請假。不去上學，窩在家裡涼快，這還得了，以後怎麼跟人家競爭？」急著上班出門前的爸爸總是如此責難著媽媽，並不時露出不耐煩的抱怨神情。

「我也想要讓南南去學校啊！但是她就是哭著不願意去，我一個人又拉不動，我能怎麼辦？你又顧著上班，也不會幫我。」媽媽帶著生氣、無助的語氣回應著趕著出門的爸爸。此時，南南仍然躺在床上不起來，距離該到校時間已經只剩五分鐘不到。

媽媽曾經試著幾次讓南南到學校，但每次在進入教室前，她總是不時地蜷縮在媽媽的背後，並緊緊地抓扯著媽媽背後的衣襬，不願跨進教室一步。

有時老師決定採取強硬的方式，要求南南一定要進入班上，並請媽媽離開，這時媽媽總是面臨著一股難以割捨的複雜感受，心裡實在是不捨讓南南如此哭喊著。

在臨床實務上，經常會遇見苦惱於孩子不願意去上學的父母，當急著出門前，孩子卻不為所動的焦躁與無奈。無論是拒學症（school refusal）或懼學症（school phobia），其中都述說著孩子不去上學的困境。

☆ 面對孩子視上學這回事，如同參加三千公尺的障礙賽。以下的建議，試著讓你的孩子能夠跨出這道拒學或懼學的無形障礙。

1. **澄清拒學或懼學的原因**：「我沒辦法，孩子就是不願意去上學。」這句話，道出許多父母的無奈。你或許可以先試著澄清，找出孩子在出門前的那一剎那，為什麼需要這麼激烈地抗拒不願上學。或許你腦海中會疑慮，上學為什麼讓孩子這麼恐懼？孩子到底在學校發生什麼事？你或許也會疑惑，別人的孩子可以，為什麼我的孩子偏偏不行？

   有時，你也可能發現，當年紀小的弟弟或妹妹都在家，對於剛進小學或到幼稚園上學的哥哥或姊姊，往往也想比照弟弟妹妹在家，不想去上學。

2. **拒學或懼學的得與失**：你或許注意到，有些孩子，第一次沒到學校上課，隨後可能因為在家享受到特別的輕鬆，或是做了許多自己喜歡的事，使得第二次、第三次、第四次到學校上課的意願也逐漸低落。

   當然，有的孩子，第一次沒到學校上課，第二次、第三次、第四次可能就更不敢，或更不想到學校上課，這些原因可能包括課業進度沒辦法跟上，或預期面對到學校上課後，同學及老師可能的關心或注意。

3. **課程的微調與彈性**：如同前面所提及，如果孩子沒到學校上課，進而在課業進度上出現落後，這時建議你與老師一起溝通，對於課業內容包括考試、評量或作業是否能夠進行微調，例如，簡化考試或作業內容，或者在家仍需補強孩子的學科，甚至於沒到學校上課那段時間的作業仍然需要在家補齊等。

4. **如何向同學解釋沒上學的原因**：「南南，你怎麼那麼多天都沒來學校上課？你是怎麼了？都去哪裡了？你都在做什麼？」有時，同學的關注與探問，往往使得孩子在面對時，反而容易出現畏懼而更不敢上學。

矛盾的是，當孩子回到學校後，同學們如果也都沒有表現出關心的詢問：「耶？南南，你怎麼那麼多天沒來，怎麼了？」有時，也容易讓孩子自覺怎麼班上都沒有人關心自己，而感到傷心、難過，甚至出現失落感。

建議你可以事先教導孩子如何面對同學的詢問，例如僅微笑不回應，或者簡單地回答：「我在家裡。」

5.**引導孩子說出心裡的感受**：拒學或懼學，在孩子的心中總是存在著隱而不說的感受，試著同理，幫孩子說說：「媽媽感覺你有些焦慮，特別是每次快要上學出門前。」或「上學這件事，對你來說似乎是一件痛苦的事。」或「我想，待在家裡，總是讓你感到輕鬆，或許也因為這樣你才不想到學校。」

6.**製造上學的誘因**：建議你可以與老師一起討論看看，如何增加孩子上學的誘因，例如，有特別的活動，或吸引孩子想要參與的課程或遊戲，當然也包括可以陪伴孩子一起玩的同伴。

7.**漸進暴露焦慮情境**：對於拒學或懼學的孩子，對於回到校園這件事，初期的不二法門，在於漸進地讓孩子接觸所焦慮的情境，這也是為什麼請假請愈久，很容易讓孩子愈接近學校，就愈害怕或拒絕到學校。

你的一次妥協，讓孩子請假在家，很容易就造成如同堤防的一個小缺口，隨著時間慢慢流逝，讓孩子拒絕上學的這股水流最後潰堤而出。

當你選擇讓孩子持續待在家裡，無論你是受限於無法說動孩子的無奈，或是你有自己所堅持的理由，當不去上學的時間持續，這時，孩子逃避上學的行為將更被強化。

8. **問題解決上學去**：面對低年級或幼稚園的孩子，難以上學這件事，你可以發揮一下問題解決能力。例如，改變到學校的時間，時間盡量選擇早一點，此時校門口的人或許少一點，視覺壓力輕一點。

或改變到學校的路線，繞路或換一下行進路線，途經吸引孩子的地方，試著轉移一下孩子的注意，或改變進入學校的方式，從前門，從後門，有時從側門。

如果由父母陪伴上學，請儘量到校門口就好，改由班級導師或愛心媽媽或輔導室老師接手，雖然孩子極有可能會大哭一場。請記得，進入校門後，障礙就少一半。

書背後的孤獨

愛看書是好習慣，而且是許多大人期待孩子養成的好習慣，但安靜坐在教室裡看書，是不是一定表示孩子真的愛看書？或許在這行為的觀看上，老師能嗅聞到孩子心裡真正的問題。

「你們要不要去溜滑梯那邊玩？」阿朗對著教室裡的小朋友喊著。

「好啊！好啊！走、走、快點、快點。」三、五個同學趁下課鐘剛響完，準備往遊樂設施跑去。

「小悅，你要不要一起去溜滑梯？一起來嘛！」阿朗熱情地邀著。

「哎呀！不用找她啦，她這麼愛看書，就讓她在教室裡看書就好啦！快走，快走。」同學們急急忙忙地拉著阿朗往外跑去，只見小悅欲言又止，望著小朋友出去的身影，隨後又繼續翻著手上的繪本，臉上沒有什麼表情。

老師發現小悅是愛看書沒錯，但每次要讓她在課堂上分組討論或上台報告，她總是顯得靦腆。

這麼愛看書到底好不好？沒錯，學校是有鼓勵小朋友閱讀或親子共讀，無論是小學士、小碩士、小博士都好。但如果以小悅這樣看，那不就都已經看到博士後研究了？想到這裡，老師似乎有些哭笑不得，但總是認為小悅就是不對勁。

「小朋友，趁今天天氣晴朗，待會兒下課所有的同學都要離開教室，出去外面曬曬太陽，知不知道？」老師對於自己的突發奇想感到有些驕傲，嘴角有些揚了起來。

「這樣子做，小悅就得要出去玩，說不定還可以改變她這麼愛看書的壞習慣。」突然出現「壞習慣」這三個字，讓老師頓了一下，「愛看書，怎麼會變成壞習慣？」想到這裡，老師拍了一下自己的頭，但她還是感到有些困惑。

老師持續進行著所謂的「太陽計劃」，也特別觀察著這段期間小悅的表現。

只是老師發現小悅現在是下課後，人跑出教室外活動沒錯，但卻總是一個人跑到校園裡的生態池旁晃來晃去，雖然無危險之虞，上課也總是準時回到教室，但老師還是覺得小悅怪怪的，特別是人際互動這件事。

「小悅是很愛看書沒錯，但下課後，畢竟也該休息一下，出去跑一跑，玩一玩也好，老是坐在教室裡看書也不是辦法。」老師決定和媽媽討論小悅愛看書這件事，並有些尷尬地向媽媽說著：「雖然，我們也是常鼓勵孩子看書啦！」「我還特別想個辦法，讓小朋友趁天晴，到教室外走走，也特別觀察小悅的表現，結果小朋友回來報告，說她都一個人在生態池旁邊晃。」「但是上課鐘響，小悅會準時回到教室來。」老師澄清說。

「小悅都不跟同學玩嗎？在家裡，她好像沒有看書看得這麼起勁耶。」媽媽有些納悶著。

愛看書是好習慣，而且是許多大人期待孩子養成的好習慣，但安靜坐在教室裡看書，是不是一定表示孩子真的愛看書？什麼時候愛看書會成了老師擔心的壞習慣？或許在這行為的觀看上，老師嗅聞到孩子所要傳遞的訊息，一種無聲無息的聲音在告訴著我們，「我不是愛看書，我只是不知道如何交朋友。」

☆ 以下五點建議，期待能解決小悅真正的問題。

1. 愛玩伴：這時，老師可以盡情揮灑著同伴的情誼，主動引導小朋友與小悅作伴。例如讓她在教室裡與固定的小朋友分享繪本，共同討論閱讀，讓孩子以熟悉的方式和小朋友互動。

或是呼朋引伴往校園花圃或生態池跑去，畢竟好東西總是需要與好朋友分享，或者來一段操場追逐。

獨來獨往，終究不是孩子的最愛，如果老師可以舉手之勞讓孩子多些伴，你會發現，她的行為表現，一定會有微妙變化。

2. 交朋友：人際互動是很微妙的事，讓孩子瞭解不是每個人都要變得很主動。有時自己可以是一位好聽眾，練習傾聽朋友說什麼。同時好朋友不一定要量多，質精，反而讓自己踏實。練習微笑，眼睛注視，關注好朋友的話題。當然等待、分享、給建議都必要。

孩子也需要有人示範，這就像高手與新手，教練與選手般。幫孩子製造舞台，讓她瞭解每一個人都有自己擅長的武功，至少對自己而言，有相對優勢的能力，這就如同幫小悅設計她所擅長的閱讀的情境，只要放對位置，孩子就有機會在人際關係上發光發亮。

3. **抒壓力**：有時對於一些孩子來說，當面對不知所措的情境時，例如不知道和同學說什麼，或當下不知道做什麼，有時孩子會選擇以看書來因應與調適壓力。在看書的當下，讓自己將注意力轉移到書本上的文字或圖片中，以減緩上述不知所措可能帶來的壓力與焦慮。

有時在這種情況下看書，如果我們誤解這行為可能要傳達的意思，反而忽略了孩子的需求，讓她選擇繼續以看書的方式，疏離於同儕。這時，就很容易錯失協助這些孩子融入人際互動的機會。

4. **愛閱讀**：當然，有時孩子就是喜愛閱讀，他們容易從書本上的文字感到自在、愉悅。如何有效分辨孩子看書是嗜好、樂趣或興趣？還是看書是為了減緩焦慮而出現的轉移行為？建議你可以從孩子的臉部表情、肢體動作、情緒反應等加以辨識。如為前者，孩子明顯傾向於輕鬆、自在、愉悅或興奮情緒反應較多。如為後者，孩子則傾向於不自在、表情與肢體僵硬、笑容少。

當然，請記得閱讀與交朋友這兩件事，並不相衝突，也絕對不是有你沒有我的黑白二分。

5. **說感受**：現在有些孩子常無法清楚表達出自己的感受，有時是不知道向誰說，有時是沒有經驗說，有時是不知道怎麼說，因此試著幫她說，就成了一件相當重要的練習。例如，「小悅，老師感覺你在下課時，常容易焦慮，我猜你是不是想和小朋友玩，但是又不知道該怎麼和小朋友玩。」或是「小悅，老師知道你很愛看書，但其實心裡也很想要和同學玩，那種感覺應該有些矛盾，既期待又怕受傷害。」

妳是我的姊妹

對於家中有兩個寶貝需全職照顧的媽媽來說，在時間與體力上，是很容易耗竭。為了使自己的心情能夠時常保鮮，給自己短短的時間也好，你的身心需要放鬆。

「你們兩個不要再吵了，安靜一點可不可以？姊姊你去寫你的功課，不要再搶妹妹的玩具。妹妹你去房間玩，不要再鬧姊姊有沒有聽到？快去！」媽媽有些不耐煩地拉高嗓門：「快一點，聽到沒？不要再吵了！鄰居在睡午覺，聽到沒？」

「幹嘛生兩個？一個都累死了，還兩個？真不知道人家生三個、四個，家裡都怎麼帶？哎！我兩個就夠煩人了！」媽媽邊整理廚房邊抱怨。

「你們兩個還在鬧什麼鬧？你都幾歲了還跟妹妹吵？三年級了耶，妹妹才兩歲，你就不會讓讓她。在家這麼吵，不然你乾脆去上安親班好了，真的受不了你們兩個，安靜一點，聽到沒！」媽媽愈來愈按捺不住自己的急躁，索性把碗盤隨便沖沖水，收一收了事。

「你在幹嘛！是誰教你把襪子放在餐桌上？」媽媽氣呼呼地說。

「我不小心的啦！」姊姊隨手將襪子拿起來往污衣袋丟去，只是失去準頭，馬上又換來媽媽一頓罵：「你這小孩到底怎麼搞的？連放個襪子都不會，你看妹妹現在才兩歲，一教就懂，我看你應該跟妹妹學一學。」

媽媽一說完，姊姊嘟著嘴，一副不以為然的模樣。

媽媽有些納悶，這姊姊到底是怎麼了，作業上的字變得這麼難看，以前寫字不是這樣子的啊！怎麼升上三年級後，問題變這麼多？而且，都已經三年級了，每次尿尿完都不沖水，習慣真是不好。不知道已經講了多少次，每次跟她講，還對我嘻皮笑臉，真是氣死我了。

媽媽持續嘮叨：「每回我在講電話，她就在旁邊吵著說要親子共讀。」「餵妹妹吃飯，也在旁邊吵著要念書，什麼時候不念，就是要擠在這個時候念。」「照理說，小孩子都不喜歡大人念，但我發現姊姊做錯事，我一罵她，她反而更高興？」

「我看，這姊姊分明是在找我麻煩。她一定是故意的，一定是。」「連這妹妹，才兩歲也開始學些有的沒有的。」

媽媽一直搞不懂姊姊到底問題在哪裡，但奇怪的是，三年級老師卻表示姊姊在學校表現很好、很負責，總是做該做的事，在班上又熱心，與小朋友相處融洽，並不是老師頭痛的對象。

「只是為什麼，在老師面前ＯＫ，但是在我面前就像變個樣？」媽媽有些不解地想，隨後又開始抱怨：「為什麼要生兩個？早知道就不要答應她爸爸，害我現在這麼累。早知道小孩都不要生，這樣多輕鬆，害我現在臉部暗沉、皮膚不再白皙，兩個黑眼圈像熊貓一樣，才三十出頭就活像個黃臉婆，哎！我真的後悔生這麼多。」

姊妹的相處並非是一種全有全無、冷盤熱食的二分法，雖然當我們同在一起讓媽媽傷透腦筋，但如同烹調料理一般，如何煎、炒、煮、炸，視情況排列組合姊妹之間的互動，進而品嘗一道道孩子成長的美味佳餚。

✰ 以下六點建議與你分享。

1. **壓力洋蔥圈**：找個冷靜的時刻，讓自己的思緒能夠清澄。試著寫下自己在教養上所感受到的壓力源，例如是老二的出生、對於老大的期待、全職媽媽的調適，或是時間的被壓縮等。
如同剝洋蔥般，能夠區分得愈仔細愈好，這樣就比較容易發現問題的癥結點。

2. **享受雙寶能量**：讓自己的想法微調，感受兩個孩子所帶來的歡樂，正向看待家中兩個寶貝，享受雙寶所帶來的正向吸引力。其實無論是生一個、生兩個或生三個，這都是已經既定的事實。有時接受現況，反而是讓自己的壓力有個出口。
換個方式看，你的寶貝一定有吸引你的特質。故意的背後，或許是在期待你能不能給予更多的關注，至少這代表孩子還在意你。

3. **情緒抒解**：對於家中有兩個寶貝需全職照顧的媽媽來說，在時間與體力上，是很容易耗竭。為了使自己的心情能夠時常保鮮，給自己短短的時間也好，你的身心需要放鬆。

動動手，試著營造出屬於自己的心情角落，也許是一盞夜燈，一條碎花桌布，一個小盆栽、一幅賞心悅目的畫作，或一段動人的音樂旋律，轉移一下注意力。壓力少了些，或許你看待姊妹倆也會變得自在些。

4. **做相同的事**：當姊姊需要寫功課或讀書，但妹妹想要找姊姊，此時，建議你選擇讓妹妹做和姊姊當下相同的事，例如當姊姊在看書，就由媽媽陪同在旁與妹妹一同翻閱繪本。當姊姊在寫字、做勞作或繪畫時，你則可以同時和妹妹在一旁塗鴉或玩彩繪。

5. **美好的時光**：當姊姊需要在獨自的情境寫功課或讀書時，此時，建議你選擇足以吸引妹妹的玩具，陪伴妹妹在另一空間活動或玩遊戲，以轉移妹妹當下對姊姊的注意力。這類吸引妹妹的玩具，平時可以先收起來，等待上述這個時間點再拿出來。

親子需要獨處時光，你正好可以利用這段時間，享受與妹妹獨處的美好滋味。當然，你與姊姊的獨處，請記得也要安排。營造個人專屬時間，享受親子尊榮。

6. 想像的魔力：當姊姊已經完成功課，姊妹處於同一空間時，此時，建議你想像遊戲會是一個很好的選擇。這時透過姊姊相對較為成熟的想像能力，剛好可以來引導正值想像遊戲發展關鍵年齡的兩歲妹妹一起來扮演。這些遊戲從最基本款的扮家家酒、買賣東西、醫生病人、加油站等日常生活經驗，或王子公主、童話故事、卡通內容或姊姊自創都可以。無論是對彼此的想像力、創意、角色替代或情緒抒解等都是一種加分的效果。

同時，請記得提醒自己多聚焦姊姊的能力，感謝她有能力幫媽媽照顧妹妹，試著讓姊姊看見自己有能力的感覺。

當性悄悄來臨

當父母恩愛被孩子發現的那一剎那，這突如其來的看與被看，無論對於孩子或父母都是一場驚心、尷尬、羞怯的視聽初體驗，但在你驚訝、不知所措之餘，或許轉個彎，換個角度想，這也是親子彼此在性教育上的學習契機。

「啊！眼睛閉起來！快閉起來！先出去一下，不能偷看！快點！」「聽到沒？趕快出去，還站在那邊發什麼呆？快一點！Ray。」媽媽緊張地用棉被包裹著身體，要半夜誤闖臥房，現在就讀小一的Ray趕快出去，倒是爸爸還老神在在地赤裸著上半身，雙手抱著頭，躺在床上，露出滿足的微笑。

「媽媽，我要喝水啦！你幫我倒水，快點啦！」一臉睡眼惺忪的Ray吵著媽媽動作快一點。

「你先出去好不好？你站在那邊，我不好起來啦！」媽媽催促著Ray。

「快一點啦！我要喝水，媽媽快一點啦！」這時，Ray也在催促著媽媽。

「你叫他趕快出去好不好？不要只顧著躺著，快點啦！」媽媽轉過頭，要一旁的爸爸趕快解圍，讓Ray趕快離開。

「你們在做什麼？好吵耶！人家要睡覺啦！」哥哥Mark穿著睡衣，搓揉著雙眼從隔壁房走過來。

「啊！」此時，Mark突然放聲尖叫。這時，媽媽雙手更緊緊抓著遮蔽著身體的棉被，深怕一不小心掉下來被看光。

「Mark，你去幫Ray倒水。快，水喝完就趕快去睡覺。」這時爸爸起身坐在床上，要求Mark趕緊帶Ray離開主臥房。

「怎麼辦？Ray剛才到底有沒有看見我們在……」媽媽這時突然紅著臉，羞澀地欲言又止：「我們剛才會不會太大聲了？Ray到底有沒有看見？都是你啦！門也不鎖好，害Ray闖進來，如果他們明天問我們在做什麼，這該怎麼辦？」在

Mark與Ray一起回到自己的房間睡覺後，媽媽一直擔心而無法入睡，但一旁的爸爸早已側著身體呼呼大睡。

「你在擔心什麼？夫妻做愛本來就是很自然的事情嘛！難道爸爸媽媽都老夫老妻了，還不能光著身體抱在一起睡覺？」坐在餐桌前，一邊看著報紙，一邊吃著早餐準備出門上班的爸爸若無其事地說著。

「還不都是你害的？就跟你說過，Mark和Ray都才剛入睡，叫你等一等，晚一點再做，你看被他們撞見了，這該怎麼辦？Ray才一年級耶！這會不會對他有陰影啊？」

「他們一定猜到我們在做什麼啦！不然Mark也不會突然地大叫。」媽媽仍然耿耿於懷著。

對於家中有小孩的父母來說，對於恩愛這親密關係的進行總是得戰戰兢兢，深怕一不小心，夫妻倆的親熱鏡頭被孩子瞧見，那該怎麼辦？有時壓抑著亢奮的呼吸聲，或試著壓低喘不過氣的呻吟聲，但因為擔心恩愛被孩子看見，所以使得心跳不斷地加速。有時，因為抱怨「真累！」乾脆什麼都不要做算了，而使得夫妻的恩愛頻率下降至水平線以下。

當父母恩愛被孩子發現的那一剎那，這突如其來的看與被看，無論對於孩子或父母都是一場驚心、尷尬、羞怯的視聽初體驗，但在你驚訝、不知所措之餘，或許轉個彎，換個角度想，這也是親子彼此在性教育上的學習契機。

✰ 分享以下五點貼心的建議，讓你與孩子彼此自然地看待恩愛這件事。

1. **反應別過度**：當恩愛被看見的那一瞬間，父母的當下反應總是決定著孩子接下來對這性的畫面，存在著什麼樣的印象與情緒。沒錯，這突如其來的尷尬可能讓你我不知所措，但請將自己的情緒反應強度凍結，停在低點，請冷靜，別尖叫而嚇著孩子。

有時，讓孩子感到害怕、不自在的，反而是你的過度反應把他們給嚇著。

2. **穿衣不裸露**：身體的裸露是否能自然地呈現，每個家庭對於性的態度不盡相同，但在這恩愛被發現的時間點，基於尊重孩子的感受，請試著放慢動作，先將裸露的身體以棉被或衣物包覆著，再自然地起身將衣服穿上，畢竟有些孩子對於父母的裸露身體可能是相當陌生、不自在的。

3. **輕聲做回應**：如果你發現孩子醒著，並一臉錯愕、驚恐的表情，請輕聲細語及試著同理孩子的感受：「不好意思，爸爸媽媽的遊戲吵到你睡覺囉。」或「我猜，你可能以為爸爸媽媽在打架而感到害怕。」或「先回房間睡覺，爸爸等一下去陪你。」建議在恩愛被發現的當下，你可以先點到為止，讓孩子在當晚的情緒先平穩而能順利入眠為優先。

4. **親密的呈現**：有時，孩子在父母恩愛過程中所看見激烈的、陌生的，甚至於略帶暴力性的姿勢、動作或亢奮、扭曲的表情，或聽見激動的呻吟聲音，往往容易感到驚嚇與困惑。試著選擇適當的情境與時間，讓孩子瞭解父母的恩愛是一種非常自然的親密關係，且僅限量屬於爸媽的幸福滋味。
試著向孩子澄清他所聽所見，非關暴力，而是一種父母彼此愛的呈現與美好感覺所帶來的反應，同時也讓孩子知道，他自己也是在如此恩愛的過程中誕生，例如，「Mark、Ray，你們常常在問自己是怎麼來到地球的？以前，常向你們開玩笑說，是外星人把你們丟到我們家門口的。其實，就是因為爸爸和媽媽親密的恩愛，你們倆才能夠幸福地來到我們家，做爸爸媽媽一輩子的寶貝。」

5. 隱私需尊重：父母的恩愛需要隱私，而孩子對於性的感受也需要被尊重。例如，和孩子分享：「每個爸媽都需要有彼此的親密、恩愛的獨處時間，讓愛情滋生。但是為了避免總是吵到你睡覺，以後我們會另外找時間，但請記得這也是爸媽的隱私喲。」

當然，你也需要提醒自己，往後在進行夫妻間的親密活動時，別忘了將門關上、鎖好。當然，也讓孩子學習進房門時，請記得事先敲敲門。例如，「Mark、Ray，就像你們也有自己的隱私權一樣，爸爸媽媽進你們的房間也是要敲敲門，每個人都有屬於他們自己的祕密，當然包括父母的甜蜜隱私。等有一天，你們長大遇見喜歡的人，也會有恩愛的抱抱。」

分心總在轉彎處

在臨床及演講的場合上，我常遇見像有才的媽媽，困擾地問著：「我的孩子寫作業常常不專心，怎麼辦？」陪孩子寫作業，有如在作戰一般，而且這場戰役總是沒完沒了，夜以繼日地不斷反覆發生著。

「有才，你在幹嘛？現在都幾點鐘了，你竟然還坐在那邊發呆！數學第三單元你連動都沒動，你到底在幹嘛！你完蛋了，明天還有國語第五課圈詞要考，你都還沒複習，今天晚上是決定不睡覺了，是不是？」

有才打了一個大哈欠，伸了伸懶腰，有氣無力地回著：「好啦！」隨手翻開了數學作業。眼睛瞄了幾行後，「媽媽我想要去尿尿，我快來不急了」，等不到媽媽的回應，有才立刻衝去了廁所。

「媽媽有沒有東西可以吃？肚子好餓耶！」有才甩了甩手上的水，隨手往弟弟的衣服一擦。

「媽媽，哥哥手濕濕的，擦在我的衣服上。」有才瞪了弟弟一眼，隨後吐了吐舌頭。

「你到底要摸到什麼時候？才十題，你到現在才寫到第三題，你是一定要我坐在旁邊盯你，你才高興，是不是？給我把遊戲王卡收起來，不然等一下我就全部把它丟掉。」

「好啦！你很煩耶！」

「是誰煩？我不煩都很客氣了，你還在給我說煩。現在馬上給我收起來，聽到了沒？」

有才費盡力氣，勉強寫到第九題，只是中間跳了兩題，另外有一題是連看都沒看，就直接把答案套上去。有才挖了挖鼻子，順手把鼻屎抹在褲子上，舔舔手指頭，隨後用左手的大拇指摳了摳右手食指。

有才望著牆上《海綿寶寶》的貼紙，自言自語著：「蟹老闆你不要那麼愛錢好不好？海綿寶寶關你什麼事！派大星你去找珊迪、小蝸，我們去找泡芙阿姨。」說著說著，有才自己就噗哧笑了起來。隨後兩腳椅一往後仰，笑倒在地板上，並把桌上的鉛筆盒、作業本撞落一地。

「有才，你給我馬上起來！」媽媽已經按捺不住性子，雙手扠腰，拉高嗓門對著地板上的有才吼著。只見有才拍拍屁股，對著媽媽說：「屁股好痛！」

「痛！你再不趕快把功課給我寫完，等一下我就用愛心小手把你打得更痛！」媽媽左手扠腰，右手直指著有才。弟弟在旁，用雙手摀住嘴巴笑個不停。

在臨床及演講的場合上，我常遇見像有才的媽媽，困擾地問著：「我的孩子寫作業常常不專心，怎麼辦？」陪孩子寫作業，有如在作戰一般，而且這場戰役總是沒完沒了，夜以繼日地不斷反覆發生著。

✰ 如何讓親子終結寫作業這場無止盡的戰爭？以下十二點建議提供給你參考。

1. **一次一道菜**：對於注意力表現不好的孩子來說，一次做一件事情是王道。無論功課有幾項，先試著一次一道菜，聚焦在眼前的作業。

就像使用大盤子，上面放著少量的菜餚，先讓孩子有機會把眼前的菜吃光，把作業寫完，這樣對於自信的累積是有加成的效果。

2. **衡量自己的胃口**：請問孩子是要簡餐？還是套餐？是讓他分段寫，還是一口氣寫完，這就要看孩子現階段的注意力持續性到什麼程度，但是一下子不要吃太飽，避免噎到。

3. **美白、淨空，書房不要太過於繽紛**：讓書房變得簡潔、單純有如IKEA的北歐風，把不相關的事物移除，降低孩子被干擾的機會。移除桌上的干擾物，多餘的文具不要上場。有時孩子在視覺上，容易受到干擾物而分心。

4. **陪伴時，請做同樣的事**：如果你一開始對於孩子自己獨力完成作業沒有信心，或許你可以選擇陪伴孩子寫功課。但請記得，當你在一旁陪伴時，請試著和孩子做相同的事，能夠書寫、閱讀當然最好。

5. **說話省點用**：當你選擇在旁陪伴時，請提醒自己，讓語言的干擾降至最低，說話省點用。必要時，多使用非語言方式提醒。當孩子分心時，你可以輕敲桌面，或以手輕觸孩子的肩膀。

6. **行動祕書禁止**：不要成為孩子的行動祕書，當你提醒慣了，例如，「現在已經晚上七點鐘，你的數學作業第三單元還不趕快寫，而且明天要考國語第五課的圈詞，你都還沒有複習，不要東摸摸、西摸摸，動作快一點。」當孩子已經有你這一台行動祕書，那麼他為什麼還需要自己記時間，以及要做的事？因為你就會定時鬧鈴顯示。

7. **自我提醒小海報**：當孩子分心時，你可以做的是引導他去看桌面上，或牆上所張貼的自我提醒小海報。孩子什麼時間要做什麼事，請由他自己仔細去詳讀海報上的訊息。

8. **拔掉充電器的插頭**：適時讓自己消失，就像拔掉充電器的插頭，讓孩子體驗自己的電力。當你一直選擇待在孩子旁邊，其實對於孩子注意力的發展並不是好事，這樣做往往只會讓孩子對於你的依賴更為明顯。

9. **專心的模樣**：我們時常提醒孩子要專心、要注意、要認真，但是這些字眼對於孩子來說真的是很抽象。與其愈描愈複雜，倒不如平時先把孩子專心的模樣，先用手機或數位相機錄下來，這樣孩子就有實際的畫面，而且是自己當主角的畫面，讓專心被看見。

10. **完成就在眼前**：引導孩子事先想像作業完成的樣子，先有個譜，有個模樣，至少那個完成的感覺會讓孩子感到舒服，同時事先享受成功的畫面。建議你，這個畫面可在孩子先前完成作業時，就錄下他開心的模樣。

11. **淺嘗紅蘿蔔**：注意力不佳的孩子，在執行專注、動腦的過程中，往往需要立即的回饋來增加自己的續航力。當孩子完成眼前的這一部分，建議可先給他一些小誘因，就像淺嚐紅蘿蔔一樣，有個口感，或許再出發的動力就比較容易。

12. **移地作戰**：如果你發現孩子在一個固定的地方久了，注意力也顯得疲憊，缺乏後續力，或許可以考慮移地作戰。適時換個地方寫功課，藉由轉換不同的空間，同時轉換出不同的書寫心情。

情非得已之強迫洗手

請同理、傾聽、關注這群受強迫思考所折磨的孩子，瞭解他們在生活中到底遇到什麼困境、遇到什麼壓力。

讓孩子遠離強迫症的漩渦，需要大人們用心地陪伴，並扶他們一把。

濕、搓、沖、捧、擦、濕、搓、沖、捧、擦……阿哲心中不時默念著洗手的五個步驟，並不時提醒自己，缺一不可，順序不能跳，步驟不能亂。

水龍頭的水持續流著，阿哲的每一小步驟，都有他既定的洗手次數，「seven

7」，對於阿哲來講，感覺起來是一個漂亮的幸運數字，但有時又像是一個魔咒。

阿哲其實很苦惱，他時常會問自己：「為什麼我非得每道步驟都要重複七次才可以？為什麼不能一次就洗好？不然六次也好，八次也罷？」想著想著，阿哲自己也想不出所以然來，但可以確定的是，「seven 7」就像一道隱藏的程式，深深烙印在阿哲的腦海中，特別是當他感到焦慮時，這個念頭就會跳出來再次提醒自己，非做不可，非洗不可，心中也就不時默數著：1、2、3、4、5、6、7。

阿哲繼續讓水龍頭打開著，每次的洗手，都得花掉阿哲好多的時間。把手弄濕，感受著水流的速度。1、2、3、4、5、6、7……持續默念著，阿哲會發現自己心中的焦慮能夠短暫獲得舒緩，但阿哲很清楚，這樣的洗手很不合理，而且沒多久他的莫名焦慮又會不斷升起。阿哲雙手捧著水，1、2、3、4、5、6、7……像朝聖般，將水朝水龍頭潑去。

洗手的動作，阿哲小心翼翼不讓別人瞧見。他反覆搓弄著雙手，左手心搓右手心，右手心回搓左手心，左手心搓右手背，右手心搓左手背，四個規律來回算一次，1、2、3、4、5、6、7……中間流程不能斷，一閃神，一切歸零，就得再重來一次。

阿哲洗完手的最後一道步驟，常常是手拿紙巾，依照順序擦拭，先左手心，後右手心，再來左手背，最後來個右手背。1、2、3、4、5、6、7……七遍，非得做完才可以。

阿哲的注意力常奔波在濕、搓、沖、捧、擦的洗手五步驟，及「seven 7」的魔咒中，更可怕的是，每次在腦海中，一被觸碰到與清潔、細菌有關的念頭，這些揮之不去的步驟就得再重來，不但弄得自己心神不寧，也弄得自己精疲力盡。

媽媽似乎發現，阿哲這些怪怪的舉動，特別是每次一見他摸過桌上的東西，他就會要求要洗手。

「阿哲，你不要這麼浪費水好不好？水是不用錢喲！哪有人洗手洗這麼久？」媽媽刻意告訴阿哲：「請節約用水。」也希望阿哲可以停止這種舉動，但她很清楚，阿哲確實有些不對勁，只是她自己又不知如何開口去問。

「強迫症？難道阿哲有強迫症？」媽媽腦海裡突然間浮出這個詞。那是以前曾經在報章雜誌上偶爾見過，但自己又似懂非懂的專有名詞。媽媽開始有些困惑，阿哲真的是愛乾淨，所以愛洗手？還是他也情非得已？

在臨床實務上，有些孩子常受困於強迫症的焦慮而無法自拔，他們總是在極度痛苦的漩渦裡打轉。由於孩子常不敢，也不知道該如何啟齒這些不能說的祕密。

✰ 以下五點建議，一起與你分享，如何協助孩子面對這些情非得已的強迫事。

1. 認清非理性的黑貓老大：強迫症（Obsessive Compulsive Disorder，OCD），是非理性、不請自來的黑貓老大（強迫思考），與被使喚的重複小弟（強迫行為）的組合搭檔。它們的出現，總是無情地讓孩子被迫浸泡在極度焦慮的痛苦浴缸裡。所以應該讓阿哲清楚地瞭解，住在他腦海裡的黑貓老大（強迫思考），總是愛誇大地嚇唬自己：「小心喲！阿哲！你的手只要一摸到東西就會有細菌，手就會被污染。小心別把這污染擴大，如果造成生病或死亡，你就完蛋囉。」

2. 我懶得理你，暴露不反應：讓阿哲暴露在手髒的情況，但卻不讓他去洗手，至少短時間就讓他繼續維持手髒的模樣。當然，你一定可以預期到，初期阿哲的焦慮指數，鐵定隨著黑貓老大（強迫思考）的出現，而逐漸升高。

你可能有些納悶，為什麼要讓阿哲暴露在如此不舒服的經驗上？而不讓他以洗手（強迫行為）的方式來降低或緩和他的焦慮？這裡的目的，主要在於讓阿哲瞭解縱使他現在手髒沒有去洗手，其實也不會發生任何事情。

沒錯，他的強迫思考可能蠢蠢欲動，不斷帶來或暗示阿哲會有不利的事情發生，但重要的是，現在沒洗手，什麼事情也沒發生。

讓阿哲學習告訴自己：「我懶得理你，我就是不反應。」無論自己的強迫思考多麼地虎視眈眈想威脅你，「但很抱歉，我就是懶得理你。」這是阿哲面對黑貓老大所需要練習的自我控制。試著讓自己可以學會不對強迫思考做反應。

3. 轉換跑道，去做別的事：以前的阿哲面對手髒時，總是因為強迫思考讓自己心不甘、情不願地重複去洗手（雖然洗完後，或許會帶來短暫的情緒舒緩）。如果想做到前文所提的「我就是懶得理你」，這時最好的方式就是讓他換跑道，去做別的事，例如寧可去翻閱繪本也不要洗手，或想要洗手時，就去練習注音輸入打字。請記得，轉移阿哲的注意力，先從他感興趣的事做起。

4. 我想要讓心，自由自在：試著坐下來，同理、傾聽、關注這群受強迫思考所折磨的孩子，瞭解他們在生活中到底遇到什麼困境、遇到什麼壓力。讓孩子遠離強迫症的漩渦，需要大人們用心地陪伴，並扶他們一把。

試著讓自己對於強迫症的概念能夠有清楚的認識與瞭解，這樣的話，在面對孩子看似不合理的儀式行為時，應該就能夠多一些同理。

「我也不是想要如此！我多麼希望心能夠自由自在！」讓心維持平靜，其實是許多孩子夢寐以求的基本渴望。

我的家只有二分之一

當孩子哭著、落淚提及：「爸爸，我好想媽媽，我要找媽媽。」試著站在孩子的立場，同理她的情緒感受，並反應給她知道，例如，「小芬，爸爸知道你看不到媽媽，很難過，很想念媽媽。現在我們來數一數，再過幾天就可以和媽媽見面喲。先想一想，你想和媽媽說什麼話。」

「爸爸，為什麼你不要媽媽，我想要媽媽！我要媽媽陪我在家！」深夜裡，小芬對著床邊的爸爸哭喊著：「為什麼弟弟就可以和媽媽住在一起，我就不可以！討厭！討厭！都是你！都是你！」爸爸一臉無奈、不發一語地望著孩子。

幼稚園中班的弟弟問著來接他放學的媽媽說：「什麼時候爸爸才會來接我？我想要找爸爸，我要叫爸爸禮拜天帶我去動物園玩。」「媽媽，爸爸什麼時候才會回家？為什麼我的同學都有爸爸和媽媽，我卻只有媽媽？」這些話，總是在媽媽到園所接他時，小翼就會問一次。

三年級的小芬在安親班問著父母也是離婚的茵茵說：「茵茵，像你的爸爸和媽媽都沒有住在一起，你都怎麼辦啊？你會不會很難過？還是很生氣？」「你希不希望你的爸爸和媽媽有一天會再一起結婚啊！」「他們為什麼會離婚啊？我爸爸都不准我問，好奇怪，明明就結婚，還要離婚？我又不同意。」

「媽媽，你為什麼和叔叔在一起？不是和爸爸在一起？」「我不要這樣，我不要這樣，我討厭那個叔叔，我要爸爸回來，我要爸爸回來，你叫爸爸回來跟小翼一起住。」對於這個問題，媽媽只能低頭落著淚，不知如何回答小翼。

父母離異，對於孩子來說，總是一種無法承受之重。大人或小孩都需要時間慢慢來調適這場家庭關係的轉變，特別是對於處在成長階段的孩子，如何去接受與調適自己的爸爸或媽媽不在家的殘酷現實。

☆ 當孩子感受到自己的家變成只有一半時，此刻，如何向孩子解釋與溝通離婚這件事，更是我們大人必要的細心之道。

1. **我有兩個家**：當孩子問你：「媽媽，爸爸去哪裡了？為什麼都不在家？」對於學齡前的幼兒來說，向他解釋「結婚」、「離婚」這些詞，是相當抽象及模糊的概念，他們很難懂。

試著以孩子能夠理解的方式向他說，例如，「爸爸和媽媽現在沒有住在同一個房子裡，但是，小翼你有兩個家喲，一個是爸爸家，一個是媽媽家，都是愛你的家。」至於是否坦誠的與孩子討論離婚，這就必須隨著年齡的成長再來決定適當的時間點，與談論的內容。

2. **坦白的勇氣**：許多離婚的父母，常常會陷入一個是否告知的困境：我到底該不該告訴孩子離婚這件事？如果直截了當地說，對於孩子會不會太殘酷了？或許，先瞞著他，說爸爸在大陸工作，要很久很久才能回來，我想，對於孩子的衝擊應該會比較小一點吧？

關於離婚的說與不說，往往讓父母處在兩難的十字路口上，向左走，坦白說，或向右轉，先隱瞞，總是讓人感到左右為難。

基於與孩子之間的信任，建議你，在以孩子能夠理解的情況下，特別是小學，以至於國中的孩子，試著向他們坦承，甚至於也可以聽聽他們對於離婚的想法。

3. **快樂的決定**：當孩子主動提及：「爸爸，媽媽是不是不愛我了？為什麼不要我了？」讓孩子瞭解爸媽分開是大人的決定，且媽媽只是住在另一個房子，仍然是愛她的，例如，「爸爸和媽媽說好了，我們兩個人住在兩個房子裡，這樣大家都比較快樂。雖然你沒有和媽媽住在一起，但是我還是小芬的爸爸，媽媽還是小芬的媽媽喲。」

請留意，避免讓孩子誤以為父母離婚是因為她自己不乖、或不聽話，讓爸爸和媽媽常吵架，最後乾脆分手，而歸咎於是自己的原因。

4. **同理心感受**：當孩子哭著、落淚提及：「爸爸，我好想媽媽，我要找媽媽。」試著站在孩子的立場，同理她的情緒感受，並反應給她知道，例如「小芬，爸爸知道你看不到媽媽，很難過，很想念媽媽。現在我們來數一數，再過幾天就可以和媽媽見面喲。先想一想，你想和媽媽說什麼話。」請試著讓孩子感到安全感，如果你和另一半先前有討論過共同見面的時間，請具體地讓孩子知道。

5. **貼心的想念**：請記得，無論你與另一半是因為什麼樣的理由選擇分開，請避免在孩子面前抱怨或指責另一半的不是。如此做，往往容易陷孩子於更大的焦慮與心中的折騰。例如，「小翼，媽媽發現你和爸爸一樣都很好奇、也很愛冒險喲。以前爸爸可是常帶著媽媽，在晚上去野外去尋找螢火蟲，還有循著蛙叫聲，找青蛙喲。」或者「小芬，爸爸發現你的個性還真的像媽媽一樣溫柔，善解人意喲，以後一定會有許多人喜歡和你做朋友的。」試著在孩子面前，說說另一半的好，我想對於孩子來說會是貼心的想念。

6. **時間的調適**：有時離婚後的父母，面對孩子無法接受自己再次尋找另一半的情感與歸宿，往往會陷入一種急躁，而期待孩子能夠體諒，甚至於很快地接受你的新伴侶。建議你，在這件事情上，真的急不得。

請給孩子一些時間，或許你可以聽聽他對於接觸新叔叔或新阿姨的看法與感覺。初期的無法接受，是可以預知的事實，請記得別強迫孩子接受這新的關係。或許你與另一半的離婚已經好些年了，畢竟孩子還在適應全家變成二分之一的現實。

7. 共同的參與：試著讓父母離婚的事實，盡可能降低對於孩子原先生活的影響，變化盡可能愈少愈好。有時，孩子希望父母能夠一起參與自己的一些活動，例如幼稚園的成果展或表演，學校的園遊會或運動會，當然也包括自己生日切蛋糕的那一刻。

你或許有許多難言之隱，或迫於現實的無奈。但基於孩子成長的立場，或許如何與你另外一半的溝通，是彼此需要努力的地方。

我不是笨小孩，傾聽學障的內心之歌

學習障礙的孩子並不等同於學習成就低落，如果你能夠找出符合這些孩子的有效學習管道。同樣地，學習成就低落的孩子，也並非都是學習障礙的問題。但在校園內，有時這兩者的關係往往被模糊，被混淆。

「奇怪，阿力的注音符號學了好幾個學期，為什麼到現在還是不會拼音？國字也認不得幾個。他怎麼看，都不像是笨小孩啊！我想，一定是他不夠認真學，連小他兩歲的弟弟現在國字都可以認，可以寫。」媽媽對於阿力在拼音與國字表現上一直困惑著。

導師對阿力遲遲無法流暢，及正確地把課文念出來，開始顯得有些不耐煩。

「你到底有沒有認真在念書，都二年級了，基本的國字竟然都還不會念。你不認得國字，我看國字都快要認得你了，我看你以後怎麼辦？」阿力焦慮地，不時吞著口水一遍又一遍，眼神緊盯著像天書的課本，不敢直視著在一旁嘮叨的導師。

阿力對於國語一直很挫折，他很清楚倒不是自己不認真，自己也很努力在學，但很奇怪，為什麼對於這些注音符號及國字就像陌生人一樣，怎麼和它們交談就是不容易認得，不然就是可以叫得出這個字來，但卻不懂這些字的意思。

爸爸倒是發現阿力對於聽故事卻能夠一遍就理解，過了一段時間也都能夠記得故事的內容。阿力常吵著爸爸買故事ＣＤ給他聽，不但愛聽，而且對於家裡的影片也愛看。

重要的是，爸爸確認國字、注音認不得幾個字的阿力，一定不是導師說必須要考慮是否轉到特教班上課的笨小孩。爸爸和媽媽都認為阿力不笨，但也說不出，阿力到底是哪裡出了問題。

由於在班上的課業表現，特別是國語一直沒有起色，導師把阿力轉介給學校的資源班老師，希望能夠評估出他到底是怎麼一回事。是不是智力真的有問題，還是阿力本身不認真。但在接受資源班的智力評估後，老師發現阿力的心智水準與同齡的孩子相比較並沒有明顯的落差，但在語文表現與非語文表現之間卻出現明顯的差異，當然在基本國語的識字量上也明顯偏低。老師似乎有些懷疑阿力是不是有隱而未見的學習障礙的問題，特別是在閱讀理解上。

在這些年的特教巡迴服務過程中，我常常會發現有些孩子會被給予學習障礙，或疑似學習障礙這樣的診斷或身分。依據身心障礙及資賦優異學生鑑定標準所列，學習障礙是指：神經心理功能異常，注意、記憶、理解、推理、表達、知覺或知覺動作協調等能力有顯著問題，於聽、說、讀、寫、算等學習上有顯著困難。

在這當中，有一點必須要澄清的是，學習障礙的孩子並不等同於學習成就低落，如果你能夠找出符合這些孩子的有效學習管道。同樣地，學習成就低落的孩子，也並非都是學習障礙的問題。但在校園內，有時這兩者的關係往往被模糊，被混淆。

當這兩類孩子的問題被混淆在一起，到底會有什麼樣的狀況發生？首先，可以預見的是在學習服務的介入上，立即失去焦點，同時也錯失傾聽學障兒童內心之歌的機會。

✰ 以下分享一些他們的心聲，期許和你一起相知相惜這些在成長路上格外需要受關注的孩子。

1. **我不是笨小孩**：提醒你，我的智力表現與一般同儕相類似。每個孩子多少都有些限制，我也是如此。我或許是閱讀障礙，也可能是書寫障礙，或數學障礙，但請記得，我不是注意力缺陷過動症，也不是智能障礙，當然我更不是不想念書的小孩。

如同在學習障礙鑑定標準上所強調的，這些孩子總是容易在「注意、記憶、聽覺理解、口頭表達、基本閱讀技巧、閱讀理解、書寫、數學運算、推理或知覺動作協調出現顯著困難。」當然，問題不一定是出在哪一項或哪幾項，這一點需要透過評估進一步澄清。

2. **我也會有挫折**：學習障礙可以說是一種隱性的障礙，我不像腦性麻痺或唐氏症的孩子，外觀那麼容易被看出來。因此，當沒有人瞭解我的學習特質，例如透過文字閱讀就是無法形成通達我理解的管道，特別是父母及老師總是用一般的教學方式對待我，而忽略其實我需要的是如同客製化的學習模式。

因此，當一名孩子確實患有學習障礙的困擾，但在校園的補救教學上，如果視為一般學習成就表現低落的學童來介入，而採取一般補救教學的方式來進行，或只是將內容難度依孩子的學習表現程度降低。此時，仍然無法使得學習障礙的孩子獲得該有的學習需求與模式。

3. **請你試著瞭解我**：再一次強調，請不要一直認為我不專心、不努力，我也會有疲憊，也會有學習無助感，特別是當我一次又一次學不會。特別是當我耗盡所有心力，卻事與願違。這種感覺真的非當事人可以體會，或許真的要像湯姆．克魯斯這樣，也有著閱讀障礙困擾的人才能瞭解。

閱讀障礙是學習障礙的一種。有時你很難想像閱讀障礙的孩子面對眼前，躍然紙上的文字符號，不明白到底是怎麼一回事。有時，你會發現孩子遲遲無法對於被教導的文字符號做出有效的辨識，更何況是進一步對於文字的理解。學習障礙及閱讀障礙需要及早被察覺與發現。

當我們大人忽略孩子對於文字符號在知覺與辨識上的問題時，此時深受閱讀障礙困擾的孩子也很難清楚告訴我們到底在他的腦袋裡發生什麼事。

4. **請看見我的優勢**：當父母及老師發現我的優勢時，我會非常的開心。如果你們也能夠找出適合我的學習策略，我也會燃起我的熱情。我也期待潛力能夠展現，我也希望自己的努力能夠被肯定。

請同理我的限制，但請不要過度聚焦在我的限制。因為，我也是一般的小孩，我也會有喜怒哀樂，學習障礙並不等同於我的全部，但也請接受屬於我的部分。

那一年，叛逆想要告訴我的事

我常在演講的場合，問現場的父母一句話，「扣掉學科、作業、考試，孩子和我們之間還剩下什麼？」當親子之間總是被所謂的課業充斥，國語、數學、英文等填滿整個腦袋與時間。在如此關係下的親子，他們彼此熟悉多少呢？

「我跟你講了多少遍，叫你不要跟那些人來往，為什麼都講不聽？你不要老是交一些壞朋友，你看他們成績那麼差，有什麼好交往？你現在最重要的就是把書念好，準備好你明年的基測，這樣才有機會選擇好學校。」爸爸對子建耳提面命。

「你根本不知道我的朋友是誰，只是聽人家說，就認為他是壞朋友，為什麼成績差就是壞孩子？你根本不認識，還裝懂。不然，你說說看他是誰？他叫什麼名字？為什麼我不能和他一起做朋友，你說啊。說不出來了吧！因為你根本不知道他是誰！」子建生氣地反駁。

「你還給我頂嘴！你看你，最近變得什麼模樣？每天上網到三更半夜，功課也落得一塌糊塗，這不是交到壞朋友，不然是什麼？該去補習班也蹺課，你知不知道你在浪費我辛苦賺的錢？」爸爸說話中也帶點怒氣。

「那就不要補啊！我本來就沒有想要補！補！補！補！要補你自己不會去補，我也懶得浪費你的錢。」子建立即回嘴。

「子建，你怎麼可以這樣跟爸爸說話，趕快跟爸爸說對不起。」媽媽似乎聞到父子之間的煙硝味，開始擔心父子倆擦槍走火，又吵了起來。

「你別再說了。你這樣說，會很傷你爸爸的心，不要說了，不要說了。」媽媽顯得有些不知所措。

「你這孩子現在是翅膀硬了，會叛逆了，有本事跟你老爸辯，是不是？」爸爸眼睛怒視著子建。

「我只是就事論事，因為你根本忙到不知道我在想什麼。」「每天只會問我功課寫了沒？考試考得怎麼樣？有沒有及格？補習班的進度到哪裡？」子建數落著爸爸。

「我這樣問，是錯在哪裡？做父親的關心兒子的功課，錯在哪裡？」爸爸指著子建反問著。

「是，沒有錯，你們大人都沒有錯，都不會錯，反正都是小孩的錯，你們大人都說了就算，這樣行不行？」子建一說完，馬上掉頭往房間裡走。

「你……你……這孩子真是不像話……」爸爸惱羞成怒地說不出話來。一旁的媽媽，一時也不知道該去安慰誰。

我常在演講的場合，問現場的父母一句話，「扣掉學科、作業、考試，孩子和我們之間還剩下什麼？」當親子之間總是被所謂的課業充斥，國語、數學、英文等填滿整個腦袋與時間。在如此關係下的親子，他們彼此熟悉多少呢？

☆ 以下七點，請你一起來思考。

1. **叛逆，不是兩三天**：叛逆不會像是總開關，在孩子青春期一到便直接從「關」切換到「開」。現代父母常在面對家中青春期孩子堅持自己的意見，而違逆大人的想法時，總容易將問題直接歸咎於孩子青春期到了，叛逆了。你可以提早想想，當家中的孩子年紀還小時，如果你與孩子的關係出現質變，無論是關係冷淡了，話變少了，爭執變多了，這些問題會是從哪一點開始？還是這些問題是逐漸累積的？但身為父母的我們卻沒察覺。

2. **大人先改變**：當你能察覺出這些左右親子關係的問題點，是否仍習慣於理所當然地認為孩子自己本身需要改變，而自認為大人的想法是不需要質疑的。只是事情總是非如大人所願，有時父母強烈地堅持自己的想法是合理，往往也阻斷了與孩子間的溝通契機，因為這些兒童或正值青春期的孩子們似乎也認定你固執、頑固、改變不了，因此也無須做任何溝通。要讓孩子能有所改變，你會發現先從自己做起有時會快很多。當你願意覺察自己面對孩子的想法，願意同理孩子們的感受，你多少也較容易體會青春期的孩子為什麼那麼在意同儕的想法，為什麼寧可與同儕分享，也不想要聽我們大人們的嘮叨。

3. **叛逆所要說的事**：叛逆，有時也製造了一個讓我們與孩子對話的機會。與青春期孩子相處，並非是一場零和的競爭，不是你贏他輸，也非你輸他贏。這些簡短文字，並非那麼輕易就讓親子溝通上手，但任何親子關係的改善，只要試著開始就不會太晚。你的改變，孩子看得到。孩子的回饋，也會讓你感受到。

4. **可以說多久**：最簡單的測試，除了抱怨之外，我可以向人家聊我的孩子聊多久。說得久，或許我還瞭解孩子多一些。但如果只是幾句話帶過，那麼就真的必須提醒自己，眼前的這個孩子，我真的不熟。

5. **親子關係定期保養**：請定期檢查你與孩子之間的親子關係，想一想，最近一次與孩子東南西北無所不談的時間，距離現在有多久？孩子是否願意與我們分享他們生活的點點滴滴？無論是他們自發性主動的聊，或是被動地回應我們的關心，除了學科、作業、考試之外。是否我們都太忙了？無論是大人或是孩子。我們所關注的會是在哪裡？和孩子之間會不會沒有交集？

6. 主動分享是王道：請提醒自己，回到家我都問孩子什麼？是「今天乖不乖？」「今天學校有沒有發生什麼事情？」等籠統又含糊的問題。問多了，彼此也疏遠了。建議你，先從日常生活事物開始分享，先由我們大人先啟動。

當你主動了，當你示範了，如此孩子們在心中才會有個譜，也才能夠逐漸熟悉如此的關係與模式。他們有了你的示範，就比較容易主動敞開自己的心門，與我們對話。

7. 數不盡的美好事物：別讓學科、作業、考試這些話題，如同落石般阻礙了你的親子關係。當你現在對於孩子已逐漸感到一絲絲的陌生時，此刻，你真的得靜下心來思索，該如何來鬆動及突破如此的堅硬磐石。

在你與孩子的親子關係之間，除了學科、作業、考試之外，想想看，還有哪些數之不盡的美好事物等待彼此分享。

國家圖書館預行編目資料

孩子不敢說的40個成長困惑／王意中著. --初版. --臺北市:寶瓶文化, 2012. 01
面； 公分. --(catcher ; 47)
ISBN 978-986-6249-71-6 (平裝)

1. 親職教育 2. 親子關係 3. 子女教育

528. 2 100025007

寶瓶 AQUARIUS

catcher 047

孩子不敢說的40個成長困惑

作者／王意中

發行人／張寶琴
社長兼總編輯／朱亞君
副總編輯／張純玲
資深編輯／丁慧瑋 編輯／林婕伃
美術主編／林慧雯
校對／張純玲・陳佩伶・劉素芬・王意中
營銷部主任／林歆婕 業務專員／林裕翔 企劃專員／李祉萱
財務主任／歐素琪
出版者／寶瓶文化事業股份有限公司
地址／台北市110信義區基隆路一段180號8樓
電話／(02) 27494988 傳真／(02) 27495072
郵政劃撥／19446403 寶瓶文化事業股份有限公司
印刷廠／世和印製企業有限公司
總經銷／大和書報圖書股份有限公司 電話／(02) 89902588
地址／新北市五股工業區五工五路2號 傳真／(02) 22997900
E-mail／aquarius@udngroup.com

法律顧問／理律法律事務所陳長文律師、蔣大中律師
如有破損或裝訂錯誤，請寄回本公司更換
著作完成日期／二〇一一年九月
初版一刷日期／二〇一一年十二月
初版四刷+日期／二〇一九年十月七日
ISBN／978-986-6249-71-6
定價／三〇〇元

AQUARIUS 寶瓶 文化事業

愛書人卡

感謝您熱心的為我們填寫，
對您的意見，我們會認真的加以參考，
希望寶瓶文化推出的每一本書，都能得到您的肯定與永遠的支持。

系列：catcher 47　**書名：孩子不敢說的40個成長困惑**

1. 姓名：＿＿＿＿＿＿＿＿　性別：□男　□女

2. 生日：＿＿年＿＿月＿＿日

3. 教育程度：□大學以上　□大學　□專科　□高中、高職　□高中職以下

4. 職業：＿＿＿＿＿＿＿

5. 聯絡地址：＿＿＿＿＿＿＿＿＿＿＿＿＿＿＿＿＿＿＿＿

   聯絡電話：＿＿＿＿＿＿＿＿　手機：＿＿＿＿＿＿＿＿

6. E-mail信箱：＿＿＿＿＿＿＿＿＿＿＿＿＿＿＿

   □同意　□不同意　免費獲得寶瓶文化叢書訊息

7. 購買日期：＿＿ 年 ＿＿ 月 ＿＿日

8. 您得知本書的管道：□報紙／雜誌　□電視／電台　□親友介紹　□逛書店　□網路
   □傳單／海報　□廣告　□其他

9. 您在哪裡買到本書：□書店，店名＿＿＿＿＿＿　□劃撥　□現場活動　□贈書
   □網路購書，網站名稱：＿＿＿＿＿＿＿　□其他＿＿＿＿＿＿

10. 對本書的建議：（請填代號　1. 滿意　2. 尚可　3. 再改進，請提供意見）

    內容：＿＿＿＿＿＿＿＿＿＿＿＿

    封面：＿＿＿＿＿＿＿＿＿＿＿＿

    編排：＿＿＿＿＿＿＿＿＿＿＿＿

    其他：＿＿＿＿＿＿＿＿＿＿＿＿

    綜合意見：＿＿＿＿＿＿＿＿＿＿＿＿＿＿＿＿＿＿＿＿＿＿＿＿＿＿

11. 希望我們未來出版哪一類的書籍：＿＿＿＿＿＿＿＿＿＿＿＿＿＿＿＿

讓文字與書寫的聲音大鳴大放

寶瓶文化事業股份有限公司

（請沿此虛線剪下）

廣　告　回　函
北區郵政管理局登記
證北台字15345號
免貼郵票

寶瓶文化事業股份有限公司　收

110台北市信義區基隆路一段180號8樓

8F,180 KEELUNG RD.,SEC.1,

TAIPEI.(110)TAIWAN R.O.C.

（請沿虛線對折後寄回，謝謝）